KB212214

하나님의 보물창고를 열라

하나님의 보물창고를 열라

저자 앤드류 머레이
역자 임종원

초판 1쇄 발행 2021. 8. 2.
개정판 1쇄 발행 2024. 7. 26.

발행처 도서출판 브니엘
발행인 권혁선

책임교정 조은경
책임영업 기태훈
책임편집 브니엘 디자인실

등록번호 서울 제2006-50호
등록일자 2006. 9. 11.

서울특별시 송파구 백제고분로28길 25 B101호 (05590)
마케팅부 02)421-3436
편 집 부 02)421-3487
팩시밀리 02)421-3438

ISBN 979-11-93092-25-5 03230

독자의견 02)421-3487
이 메 일 editorkhs@empal.com

북카페주소 cafe.naver.com/penielpub.cafe
인스타그램 @peniel_books

도서출판 브니엘은 독자들의 원고를 설레는 마음으로 기다리고 있습니다.
위의 이메일로 간단한 기획 내용 및 원고, 연락처 등을 보내주십시오.

도서출판 브니엘은 갓구운 빵처럼 항상 신선한 책만을 고집합니다.

「 날마다 하나님의 놀라운 은혜를 경험하는 」

하나님의
보물창고를 열라

앤드류 머레이 지음 | 임종원 옮김

이 세상에서 드러나는 신앙 상태에 대하여 곰곰이 생각하면서 더욱더 기도하면 할수록 그리스도인의 영성생활이 바닥을 헤매는 이유를 더 깊이 확신하게 된다. 그 이유는 이 땅에서 우리의 영혼이 하늘에 계신 하나님 아버지와 날마다 교제를 나누도록 하는 것이 바로 우리 회심의 목적임을 충분히 깨닫지 못하고 있기 때문이다. 일단 이와 같은 사실을 인식하고 나면 우리는 그리스도인의 영성생활에서 날마다 하나님의 말씀을 묵상하면서 기도하는 시간, 하나님께서 그분의 임재와 사랑으로 자기 자신을 계시하시도록 기다리는 과정이 얼마나 필요한지를 깊이 인식하게 된다.

그런데 도대체 어떻게 그리스도인이 이와 같은 교훈의 가르침을 받아서 거기에 순종하며 살아가는 법을 배울 수 있겠는가? 가장 먼저 해야 할 일은 하나님과 교제를 나누는 게 절대적으로 필요하다는 사실을 확신하는 것이다. 죄에 대한 용서를 받아들이는 것만으로는, 또한 심지어 자신을 하나님께 순복시키는 것만으로는 충분하지 않다고 회심하는 순간부터 깨달아야 한다. 이런 것은 단지 출발에 지나지 않기 때문이다.

이제 막 시작하는 어린 신자는 혼자 힘으로 영성생활을 계속 유지할 수 없다. 오히려 날마다 예수 그리스도와 교통함으로써 하늘에서 내려오는 새로운 은혜를 받아야 한다. 이것은 성급한 기도나 하나님의 말씀을 피상적으로 몇 구절 읽는다고 해서 얻을 수 있는 게 절대 아니다. 하나님의 임재 속으로 들어가 자신의 연약함과 영적 필요를 절실히 느껴야 한다. 성령을 통하여 우리 심령에 천국의 빛과 생명을 비추면서 새롭게 하시는 하나님을 조용히 차분하게 기다리는 시간을 가져야 한다. 오직 그럴 때라야 온종일 그리스도의 능력이 유지되어 온갖 유혹으로부터 자신을 충분히 지켜낼 수 있다.

내가 이 책을 쓰는 목적은 그리스도인을 도와서 하나님과 교제하는 일이 절대적으로 필요하다는 사실을 깨닫도록 하는 데 있다. 이와 같은 교제가 없다면 우리 일상생활에서 하나님의 성령께서 허락하시는 기쁨과 능력을 경험할 수 없다. 하나님의 수많은 자녀가 더 나은 삶을 갈망하면서도 자기 삶을 새롭게 하며 거룩하게 성별하기 위해서는 성령을 통하여 날마다 우리 내면의 은밀한 곳으로 들어오시도록 하나님께 충분히 시간을 내드려야 한다는 사실을 깨닫지 못하고 있다.

당신의 영성생활에서 나타나는 빈약함은 주로 날마다 하나님과 교제하면서 보내는 시간의 절대적인 부족 때문이라는 사실에 대하여 한 번 더 곰곰이 생각해 보라. 새로운 삶은 홀로 하나님과 만나 기도하면서 보내는 시간의 결과로써 수많은 영혼에서 나타나기 시작할 것이다.

이 책을 읽으면서 나름대로 어떤 축복을 찾아낸 독자라면 다른 사람과 그 축복을 함께 나누기를 기도한다. 예수 그리스도께서 날마다 당신에게 그분의 임재와 사랑을 허락하신다는 메시지를 받았다면 다른 사람에게 그 메시지를 전해주라. 당신이 아무리 연약하고 무력하다고 느낄지라도 다른 사람이 하나님과 날마다 교제를 나눌 필요성을 깨닫도록 도와줄 때 당신의 믿음은 훨씬 더 강화될 것이다.

당신이 자기 가정과 교회의 필요를 생각할 때, 주변 사람의 영혼을 생각할 때, 하나님의 복음을 전파하러 나가려고 생각할 때, 진실한 십자가 군병들, 곧 하나님께서 우리 모두에게 그분의 축복을 부어주실 때까지 계속해서 끈기 있게 기도하는 자원자들을 먼저 찾아보라고 부탁하고 싶다.

글쓴이 앤드류 머레이

매 순간
하나님의 은혜 안에
머물려면

날마다 순간마다

그러므로 우리가 낙심하지 아니하노니 우리의 겉사람은 낡아지
나 우리의 속사람은 날로 새로워지도다. 고린도후서 4:16.

어린 그리스도인이 저마다 꼭 배워야 하는 한 가지 교훈이 있는
데, 그것은 바로 날마다 반드시 예수님과 교제를 나눌 필요가 있다
는 것이다. 어떤 사람이든 그리스도인의 삶을 시작할 때 항상 이와
같은 교훈을 제대로 가르침 받는 것은 아니며, 또한 어린 회심자가
항상 이 교훈을 충분히 이해하는 것도 아니다. 누구든 자신이 받은
은혜, 곧 죄 용서, 하나님의 자녀로 받아들여진 것, 성령 안에서 누
리는 기쁨은 다름 아닌 예수 그리스도와 교제하는 가운데 날마다 새
로워져야만 유지될 수 있다는 사실을 깨달아야 한다.

그런데 많은 그리스도인이 날마다 새로워지기는커녕 제자리걸음을 면치 못하거나 오히려 뒷걸음질 치고 있다. 왜냐하면 이 진리를 명확하게 배우지 못했기 때문이다. 그러므로 결과적으로 이 세상의 온갖 유혹과 옛 본성의 유혹에 당당히 맞서지 못하게 된다. 죄악에 맞서 싸우면서 하나님을 섬기려고 온 힘을 다해 몸부림치기는 하지만, 그럼에도 별다른 힘을 쓰지 못하고 패배하고 만다.

사실상 이와 같은 사람들은 하늘에 계신 예수 그리스도께서 오직 단 한 가지 조건 안에서 날마다 자신에게 지속해서 일하신다는 비밀을 제대로 이해한 적이 없었다. 곧 모든 영혼은 주님의 사랑과 은혜를 받기 위하여 날마다 충분한 시간을 그분께 내드려야 한다. 그러니까 날마다 예수님과 함께 보내는 시간은 성장과 능력을 얻는 데 필요한 조건이다.

마태복음 11장을 읽어보라. 우리 주 예수님은 이렇게 말씀하신다. "수고하고 무거운 짐 진 자들아 다 내게로 오라. 내가 너희를 쉬게 하리라. 나는 마음이 온유하고 겸손하니 나의 멍에를 메고 내게 배우라. 그리하면 너희 마음이 쉼을 얻으리니 이는 내 멍에는 쉽고 내 짐은 가벼움이라"(28-30절). 주님은 우리에게 그분이 얼마나 온유하고 겸손한지를 분명히 가르쳐주신다. 그분 앞에 엎드려, 당신이 그분 자신과 그분의 사랑을 간절히 사모하고 있다고 말씀드리라. 그러면 주님은 그분의 사랑을 당신에게 허락해 주실 것이다. 이것은 단지 어린 그리스도인뿐만 아니라 주님을 사랑하는 모든 사람을 위한 권면이다.

만약 당신이 이처럼 예수님과 함께 교제하는 삶을 살고 싶다는 간절한 마음을 품고 있다면, 날마다 이와 같은 복된 경험을 누리길 원한다면 주님과 함께 나누는 교제를 게을리해서는 안 된다. 그 무엇보다도 주님과 함께하는 시간을 사모해야 한다. 이와 같은 방식으로 우리 속사람은 날마다 새로워질 것이다.

하나님과 나누는 교제

나의 계명을 지키는 자라야 나를 사랑하는 자니 나를 사랑하는 자는 내 아버지께 사랑을 받을 것이요 나도 그를 사랑하여 그에게 나를 나타내리라. 요한복음 14:21.

삼위일체를 이루고 있는 신성한 세 위격은 성부, 성자, 성령이시다. 우리 각자가 다른 사람과는 확연히 구별되면서도 서로 특별한 관계를 맺고 있는 개인인 것과 마찬가지로 각 위격은 서로 다르다. 그런 하나님께서 인격체로서 그분 자신을 우리에게 계시하시기 원한다. 하나님은 그분 자신을 계시하시며 그분과 나누는 교제 속으로 들어오라고 우리를 향해 거룩한 부르심으로 손짓하고 계신다.

하나님은 우리와 함께 이와 같은 교제를 간절히 나누고 싶어 하신다. 그러나 죄가 하나님과 인간 사이에 끼어들었다. 심지어 하나님을 안다고 생각하는 그리스도인조차도 이처럼 하나님과 맺는 인격적인 사랑의 관계를 무시하거나 아예 무관심하기도 하다.

사람들은 회심하는 순간에 모든 죄를 용서받았고, 하나님께서 우리를 받아주셔서 모두 천국에 들어갈 수 있으며, 누구나 하나님의 뜻을 행하려고 노력해야 한다고 생각한다. 그러나 마치 이 땅에서 아버지와 자식이 서로 친밀한 관계 속에서 즐거움을 누리는 것처럼 날마다 하나님과 복된 교제를 나눌 수 있으며, 실제로 그렇게 해야 한다는 생각에 대해서는 오히려 굉장히 이상하게 여긴다.

하나님은 우리를 그분 자신에게로 데려가기 위하여 독생자 예수 그리스도를 우리에게 보내주셨다. 그러나 이것은 우리가 예수님과 친밀한 관계를 맺으면서 살아갈 때만 가능해진다. 예수님과 맺는 우리의 관계는 우리를 향한 하나님의 깊고 부드러운 사랑에 의존한다. 우리가 스스로 하나님께 이와 같은 사랑을 보답할 길은 어디에도 없다. 그러나 성령께서 우리 안에서 친히 그 일을 행하실 것이다. 이를 위하여 날마다 세상과 우리 자신을 분리하고, 믿음으로 예수 그리스도께로 돌아서서 주님께서 우리 마음에 하나님의 사랑을 부어주시며, 하나님을 향한 거대한 사랑으로 충만하게 하실 수 있도록 해야 한다.

사랑하는 영혼이여, 이와 같은 생각을 잠잠히 묵상해 보라. 요한복음 14장 21절에 나오는 예수님의 말씀을 읽어보라. "나의 계명을 지키는 자라야 나를 사랑하는 자니 나를 사랑하는 자는 내 아버지께 사랑을 받을 것이요 나도 그를 사랑하여 그에게 나를 나타내리라."
이와 같은 인격적인 교제를 전폭적으로 신뢰하기 위하여 하나님과
지내는 시간을 가지라. 당신의 사랑에 대해 하나님께 말씀드리라.
하나님께 이렇게 말씀드리라. "하나님, 하나님께서는 저를 극진히
사랑해 주셨습니다. 그러므로 저는 다른 어떤 것보다 더 많이 진정
으로 하나님을 사랑하고 싶습니다."

예수님과 교제하는 기쁨

아들을 낳으리니 이름을 예수라 하라. 이는 그가 자기 백성을 그
들의 죄에서 구원할 자이심이라. 마태복음 1:21.

예수 그리스도는 한 인간이셨기에 그분께는 개인적인 이름이 있
으셨다. 그분의 어머니, 제자들, 모든 친구는 주님을 이와 같은 이
름, 곧 예수라고 불렀다. 그러나 이 사람들은 아마도 그 이름이 의미
하는 바에 대해서는 별다른 생각이 없었을지도 모른다. 그런데 오늘
날 대다수의 그리스도인 역시 그 예수라는 이름에 어떤 보화가 담겨
있는지를 제대로 알지 못한다. "그가 자기 백성을 그들의 죄에서 구
원할 자이심이라."

많은 사람이 십자가 위에서 돌아가신 그분의 죽음이나 천국에서
우리 중보자로서 일하시는 그분의 사역에 관해서는 어느 정도 생각

해 보기도 하지만, 예수님이 살아계신 인격체로서 천국에서도 우리를 생각하면서 날마다 우리에게 자기를 계시하기를 갈망하신다는 사실을 깨닫지 못한다. 예수님은 날마다 우리가 그분께 사랑과 경배로 나아오기를 원하신다.

그리스도인은 흔히 모든 죄악에서 자신을 건져달라고 예수님께 기도하지만 그로 말미암아 얼마나 놀라운 일이 이루어지는지 거의 알지 못한다. 살아계신 예수님은 자신을 우리에게 계시하시며 그분의 사랑으로 말미암은 능력을 통하여 죄에 대한 애착이 우리 안에서 떠나가게 하신다.

예수님이 온갖 죄악에서 우리를 구해주시는 것은 그분과 함께 나누는 인격적인 교제를 통해서다. 우리는 한 개인으로서 상한 심령으로, 심지어 우리 마음속에 있는 온갖 죄악조차 그대로 가지고, 하나님의 거룩하심이 고스란히 머물러 있는, 전능하시고 인격적인 구세주 예수 그리스도께로 나아가야 한다. 그리고 우리 마음속에 계신 그분의 성령께서 일하심으로 말미암아 서로에 대한 사랑과 갈망의 표현으로 그분과 우리가 친교를 나눌 때 그분의 사랑은 결국 우리 안에 있는 온갖 죄악을 쫓아내고 정복하게 될 것이다.

오, 그리스도인이여! 당신은 날마다 예수님과 교제를 나누면서 행복과 거룩함의 비밀을 발견하게 될 것이다. 당신의 마음은 하루 중에서 가장 멋진 시간으로서 기도하는 시간을 갈망하게 될 것이다. 날마다 홀로 예수님과 함께 시간을 보내는 법을 배우게 될 때, 당신은 주님의 임재를 경험하여 주님을 사랑하며 섬기며 온종일 주님의 길을 걸어갈 수 있게 될 것이다. 이처럼 주님과 끊어지지 않는 교제를 통하여 당신은 진정으로 경건한 생활의 능력을 누리는 비밀을 터득하게 될 것이다.

골방으로 들어가라

너는 기도할 때에 네 골방에 들어가 문을 닫고 은밀한 중에 계신 네 아버지께 기도하라. 은밀한 중에 보시는 네 아버지께서 갚으시리라. 마태복음 6:6.

날마다, 매시간 골방에서 우리를 만나 달라고, 우리가 털어놓는 말을 들어달라고 요구할 수 있는 자유가 모든 사람에게 두루 있다는 게 얼마나 놀라운 특권인지에 대해 생각해 본 적이 있는가? 우리는 모든 그리스도인이 이와 같은 특권을 기쁜 마음으로 성실하게 사용하리라고 상상한다. 그러나 얼마나 많은 사람이 이와 같은 특권을 실제로 활용하고 있는가?

예수님은 이렇게 말씀하셨다. "너는 기도할 때에 네 골방에 들어가 문을 닫고 은밀한 중에 계신 네 아버지께 기도하라. 은밀한 중에 보시는 네 아버지께서 갚으시리라." 여기에는 두 가지 의미가 담겨 있다. 첫째, 세상을 물리치고 온갖 세속적인 생각과 활동에서 물러 나라. 둘째, 은밀한 가운데 하나님께 기도하기 위하여 홀로 하나님과 만나는 일에 자신을 몰아넣도록 하라. 이것을 기도의 가장 중요한 목표로 삼아야 한다. 곧 하늘에 계신 아버지의 임재를 깨닫는 것, "홀로 하나님과 만나기"를 표어로 삼아야 한다.

그런데 이것은 단지 시작일 뿐이다. 당신이 자신에게 임하는 하나님의 임재를 깨닫기 위하여 시간을 보내면서 "은밀한 중에 보시는 네 아버지께" 기도하기 시작할 때 얼마나 간절히 그분의 도움과 인도하심을 바라고 있는지 하나님은 충분히 아신다. 그뿐만이 아니라 당신의 기도에 주의 깊게 귀 기울이신다.

그다음에는 이와 같은 엄청난 약속을 주신다. "은밀한 중에 보시는 네 아버지께서 갚으시리라." 하늘에 계신 하나님 아버지는 당신의 기도가 헛된 것인지 아닌지를 언제나 살펴보신다. 당신이 분주한 하루를 보내면서 여러 가지 활동을 하는 동안에도 당신의 기도에 대한 응답이 계속 이루어지게 하신다. 그러므로 은밀한 가운데 드리는 기도는 하나님께서 당신의 마음속에서 은밀하게 일하시는 모습이 계속 이어지게 할 것이다.

예수 그리스도는 우리에게 그분의 임재를 약속하셨으며 골방으로 들어가는 법을 친히 보여주셨다. 그러므로 우리에게 기도하는 법을 가르쳐주시기 위하여 분명히 우리와 함께하실 것이다. 우리가 하나님 아버지께 나아갈 수 있는 것도 바로 이 예수님을 통해서다. "내가 곧 길이요 진리요 생명이니 나로 말미암지 않고는 아버지께로 올자가 없느니라"(요 14:6). 예수님과 교제하면서 어린아이처럼 신뢰하는 모습을 보이라. 모든 죄를 정직하게 고백하라. 모든 필요를 소상하게 아뢰라. 예수님의 이름으로 하나님 아버지께 당신의 기도를 올려드리라. 예수님과 교제하는 가운데 올려드리는 모든 기도는 절대 헛되지 않다.

기도하기 전에 믿음을 가져라

두려워하지 말고 믿기만 하라. 마가복음 5:36.

우리에게 가장 중요한 교훈 가운데 하나가 여기에 있다. 홀로 골방에 들어가 있을 때 우리는 간절하게 탄원을 올려드리면서, 하나님의 사랑과 예수 그리스도의 권능을 절대적으로 신뢰해야 한다. 먼저 자신에게 이런 질문을 하는 시간을 가지면 좋겠다. "과연 내 마음은 하나님의 사랑에 대해 흔들리지 않는 커다란 믿음으로 충만해져 있는가?" 만약 그렇지 않다면 곧바로 기도를 시작해서는 안 된다. 믿음은 저절로 생기지 않기 때문이다.

하나님께서 친히 거짓말하는 것이 얼마나 불가능한 일인지를 곰곰이 생각해 보라. 하나님은 무한한 사랑으로 당신에게 축복을 베풀어 주실 준비가 되어 있다. "여호와께서 자기 백성에게 힘을 주심이여 여호와께서 자기 백성에게 평강의 복을 주시리로다"(시 29:11).

하나님의 권능, 신실하심, 사랑에 대해 계시하시는 몇몇 성경 구절을 골라보라. 이 말씀을 붙잡고서 이렇게 말씀드리라. "예, 주님. 이제부터 저는 주님과 주님의 커다란 사랑을 확실하게 믿으면서 기도하겠습니다."

믿음이라는 단어를 죄에 대한 용서와 하나님의 자녀로서 우리가 받아들여지는 것에만 제한하는 것은 엄청난 실수이다. 믿음에는 이보다 훨씬 더 많은 영역이 포함되어 있다. 우리는 하나님께서 기꺼이 우리를 위하여 행하시는 모든 것에 대한 믿음을 가져야 한다. 또한 우리의 특별한 필요에 대해 날마다 믿음을 보여주어야 한다. 하나님은 무한히 크고 강하신 분이며, 그리스도는 너무나 크고 새로운 은혜를 날마다 부어주시기에 우리는 그날의 필요에 따라 날마다 순간마다 믿음을 새롭게 하려고 노력해야 한다.

골방으로 들어가서 기도를 시작하기 전에 자신에게 이렇게 물어보라. "과연 나는 하나님께서 지금 여기에 나와 함께 계신다는 사실과 성령께서 내 기도를 도와주신다는 사실을 정말로 믿고 있는가? 과연 나는 하나님과 교통하면서 축복된 시간을 보낼 수 있다고 확실히 믿고 있는가?"

예수님은 종종 그분의 제자들에게 믿음이 진정한 기도에 얼마나 필수불가결한 요소인지를 가르쳐주셨다. 예수님은 당신에게도 이 교훈을 가르쳐주실 것이다. 예수님과 나누는 교제에 계속 머물러 있으라. 그리고 예수님의 전능하신 능력을 믿는 믿음을 강하게 해달라고 끈질기게 간구하라. 우리 주님이 마르다에게 말씀하셨던 것처럼 당신과 나에게도 이렇게 말씀하실 것이다. "네가 믿으면 하나님의 영광을 보리라 하지 아니하였느냐"(요 11:40).

끈질기게 기도하라

항상 기도하고 낙심하지 말아야 할 것. 누가복음 18:1. 소망 중에 즐거워하며 환난 중에 참으며 기도에 항상 힘쓰며. 로마서 12:12. 항상 기뻐하라. 쉬지 말고 기도하라. 범사에 감사하라. 데살로니가전서 5:16-18.

기도생활을 가로막는 커다란 장애물 가운데 하나는 기대하는 만큼 신속하게 기도 응답이 이루어지지 않는다는 점이다. 그래서 우리는 '아마도 내가 잘못 기도하고 있나 봐'라고 생각하면서 실망한 나머지 결과적으로 끈질기게 기도하지 못한다. 이것이 바로 우리 주님께서 끊임없이 가르치신 교훈이다. 만약 이 문제를 좀 더 심층적으로 들여다본다면 그와 같은 지체에는 어떤 이유가 있는지 깨닫게 될 것이며, 오히려 그와 같은 기다림이 우리 영혼에 축복을 가져올 수 있다는 사실을 알게 될 것이다. 기도 응답을 받기 위하여 21일 동안이나 기다렸던 다니엘을 기억해 보라.

"바사 왕 고레스 제삼 년에 한 일이 벨드사살이라 이름한 다니엘에게 나타났는데 그 일이 참되니 곧 큰 전쟁에 관한 것이라. 다니엘이 그 일을 분명히 알았고 그 환상을 깨달으니라. 그때에 나 다니엘이 세 이레 동안을 슬퍼하며 세 이레가 차기까지 좋은 떡을 먹지 아니하며 고기와 포도주를 입에 대지 아니하며 또 기름을 바르지 아니하니라. 첫째 달 이십사 일에 내가 힛데겔이라 하는 큰 강 가에 있었는데 그때에 내가 눈을 들어 바라본즉 한 사람이 세마포 옷을 입었고 허리에는 우바스 순금 띠를 띠었더라. 또 그의 몸은 황옥 같고 그의 얼굴은 번갯빛 같고 그의 눈은 횃불 같고 그의 팔과 발은 빛난 놋과 같고 그의 말소리는 무리의 소리와 같더라. 이 환상을 나 다니엘이 홀로 보았고 나와 함께 한 사람들은 이 환상은 보지 못하였어도 그들이 크게 떨며 도망하여 숨었느니라. 그러므로 나만 홀로 있어서 이 큰 환상을 볼 때에 내 몸에 힘이 빠졌고 나의 아름다운 빛이 변하여 썩은 듯하였고 나의 힘이 다 없어졌으나 내가 그의 음성을 들었는데 그의 음성을 들을 때에 내가 얼굴을 땅에 대고 깊이 잠들었느니라. 한 손이 있어 나를 어루만지기로 내가 떨었더니 그가 내 무릎과 손바닥이 땅에 닿게 일으키고 내게 이르되 큰 은총을 받은 사람 다니엘아 내가 네게 이르는 말을 깨닫고 일어서라. 내가 네게 보내심을 받았느니라 하더라. 그가 내게 이 말을 한 후에 내가 떨며 일어서니 그가 내게 이르되 다니엘아 두려워하지 말라. 네가 깨달으려하여 네 하나님 앞에 스스로 겸비하게 하기로 결심하던 첫날부터 네 말이 응답받았으므로 내가 네 말로 말미암아 왔느니라. 그런데 바사 왕국의 군주가 이십일 일 동안 나를 막았으므로 내가 거기 바사 왕국의 왕들과 함께 머물러 있더니 가장 높은 군주 중 하나인 미가엘이 와서 나를 도와주므로 이제 내가 마지막 날에 네 백성이 당할 일을 네게 깨닫게 하러 왔노라. 이는 이 환상이 오랜 후의 일임이라 하더라. 그가 이런 말로 내게 이를 때에 내가 곧 얼굴을 땅에 향하고 말문이 막혔더니"(단 10:1-15).

우리는 기도하면서 점점 더 깊고 강하게 성장하기를 갈망해야 하며 온 마음을 다하여 간구해야 한다. 하나님은 우리를 끈질긴 기도학교로 들여보내셔서 연약한 믿음이 강해질 수 있도록 인도하신다. 그러므로 끈질기게 기도하면서 응답을 지연하시는 데는 커다란 축복이 숨어 있다는 사실을 믿어야 한다.

다른 무엇보다 하나님은 자신과의 더욱 친밀한 교제로 우리를 인도하길 원하신다. 우리 기도가 응답하지 않을 때 우리는 자신의 간구에 대한 응답보다 하나님과 나누는 교제, 친밀함, 하나님의 사랑이 우리에게 더욱 절실하다고 인식하는 법을 배우게 되며, 그리하여 계속해서 기도할 수밖에 없게 된다. 기도 응답이 지체됨으로써 야곱이 얼마나 놀라운 축복을 받았던가! 야곱은 하나님을 직접 대면해서 보았으며 족장으로서 하나님과 겨룰 만한 힘을 얻게 되었고, 결국에는 하나님을 설복시켰다. "그가 이르되 네 이름을 다시는 야곱이라 부를 것이 아니요 이스라엘이라 부를 것이니 이는 네가 하나님과 및 사람들과 겨루어 이겼음이니라"(창 32:28).

그리스도인이여, 이와 같은 경고 하심에 귀를 기울이라. 제때 응답받지 못한다고 인내심을 잃거나 실망해서는 안 된다. 오히려 계속해서 기도해야 한다. 그렇게 함으로써 이루 다 말할 수 없는 축복을 누리게 될 것이다. 그러면서 점차 당신의 기도가 하나님의 뜻과 말씀에 얼마나 부합하는지를 스스로 돌아보게 될 것이다. 지속해서 기도하라. 그러면 당신은 기도 응답을 지체하시는 것이 하나님께서 당신에게 허락하신 가장 소중한 은혜의 수단 가운데 하나임을 배우게 될 것이다. 또한 당신은 하나님의 약속이 이루어지도록 끈질기게 간청하는 사람은 기도하는 과정에서 하나님과 더불어 가장 커다란 능력을 소유하게 된다는 놀라운 사실도 배우게 될 것이다.

기도와 금식 외에 다른 것으로는

이르시되 너희 믿음이 작은 까닭이니라. 진실로 너희에게 이르노니 만일 너희에게 믿음이 겨자씨 한 알 만큼만 있어도 이 산을 명하여 여기서 저기로 옮겨지라 하면 옮겨질 것이요. 또 너희가 못할 것이 없으리라. 마태복음 17:20. 이르시되 기도 외에 다른 것으로는 이런 종류가 나갈 수 없느니라 하시니라. 마가복음 9:29.

예수님은 우리의 신앙생활에 기도와 금식이 모두 필요하다고 가르치신다. 기도는 하늘의 권세를 붙잡게 하고 금식은 이 땅의 쾌락에 얽매인 결박을 풀어준다. 예수님 자신도 사탄을 대적하기 위한 권능을 얻기 위하여 40일 동안이나 금식하셨다. 예수님은 아무도 모르게 금식해야 한다는 것과 그러면 하늘에 계신 아버지께서 크게 보응하신다는 점을 말씀하셨다. "너는 기도할 때에 네 골방에 들어가 문을 닫고 은밀한 중에 계신 네 아버지께 기도하라. 은밀한 중에 보시는 네 아버지께서 갚으시리라"(마 6:6). 아예 음식을 끊거나 식사를 절제하는 것은 하나님과 교통하기 위하여 우리 영혼을 강화하도록 도와준다.

절식, 절제, 일시적인 것에 대한 자기 부인이 우리 영성에 커다란 도움을 준다는 이와 같은 교훈을 진지하게 배워야 한다. 맛난 음식을 배불리 먹은 다음에는 누구든 기도하고 싶다는 갈망을 그다지 많이 느끼지 못할 것이다. 그러므로 기꺼이 자신의 쾌락이나 신체적인 즐거움을 희생하고 육신의 정욕과 안목의 정욕을 정복해야 한다. 그리고 더욱 철저히 천상의 것에만 마음을 두어야 한다. 육신의 욕망을 이기는 데 필요한 바로 이와 같은 노력은 기도 가운데 하나님을 붙잡을 힘을 우리에게 더욱 불어넣어 준다.

여기서 얻을 수 있는 커다란 교훈은 바로 이것이다. 곧 우리가 기도에 둔감한 것은 자기 안위와 안락을 추구하려는 육신적인 욕망 때문이라는 점이다. "그리스도 예수의 사람들은 육체와 함께 그 정욕과 탐심을 십자가에 못 박았느니라"(갈 5:24). 기도는 절대 쉬운 일이 아니다. 기도는 쉽사리 단순한 형식으로 전락할 수 있다. 정말로 기도를 훈련하기 위해서는 진정으로 하나님을 단단히 붙잡아야 한다. 그리고 하나님과 교통하기 위해서는 육신을 즐겁게 하는 모든 것을 포기해야 한다. 거기에다 사형을 선고해야 한다.

사랑하는 그리스도인이여, 다시 한번 강조하지만 거룩한 하나님을 만나서 그분으로부터 천상의 축복을 받아 누리기 위해서는 날마다 자기를 부인하는 수고를 기꺼이 감당해야 한다. 그리고 그것은 그럴 만한 충분한 가치가 있다.

기도를 도우시는 성령

이와 같이 성령도 우리의 연약함을 도우시나니 우리는 마땅히 기도할 바를 알지 못하나 오직 성령이 말할 수 없는 탄식으로 우리를 위하여 친히 간구하시느니라. 마음을 살피시는 이가 성령의 생각을 아시나니 이는 성령이 하나님의 뜻대로 성도를 위하여 간구하심이니라. 로마서 8:26-27.

기도는 우리 일이 아니라 하나님의 일이다. 그러므로 하나님은 전능하신 능력으로 우리 안에서 일하신다. 이 말을 곰곰이 묵상해 보면 우리는 기도할 때 성령께서 우리 연약함을 도우셔서 "말할 수 없는 탄식으로" 우리 안에서 간구하시도록 잠잠히 기다리면서 기대해야 한다는 것이다.

이 얼마나 놀라운 은혜란 말인가! 내 기도에 너무나 많은 결점이 있다고 느낄 때, 나 스스로 기도할 만한 힘이 없다고 생각될 때 성령께서 나에게 기도하는 법을 가르쳐주실 것이라고 확신하면서 하나님 앞에 조용히 꿇어 엎드릴 수 있다니! 이 성령은 기도의 영이시다. 기도는 내 일이 아니라 내 안에서 이루어지는 하나님의 일이다. 내가 기도하고 싶다는 갈망을 느낀다는 것은 하나님께서 나에게 귀를 기울이실 것이라는 신호이기도 하다.

하나님께서 우리의 요청을 허락하시기 위하여 움직이실 때 그분은 먼저 우리 마음속에서 갈망이 생겨나도록 일하신다. 그리고 성령은 우리가 아무리 연약한 가운데 있더라도 그 일을 온전하게 하신다. 우리는 이것을 야곱의 이야기에서 살펴보게 된다. 야곱과 싸우면서 축복을 허락하시지 않을 것처럼 보였던 바로 그분은 실제로 야곱을 강하게 만들어 계속해서 기도하는 가운데 하나님을 설복시키도록 하였다.

"야곱은 홀로 남았더니 어떤 사람이 날이 새도록 야곱과 씨름하다가 자기가 야곱을 이기지 못함을 보고 그가 야곱의 허벅지 관절을 치매 야곱의 허벅지 관절이 그 사람과 씨름할 때에 어긋났더라. 그가 이르되 날이 새려하니 나로 가게 하라. 야곱이 이르되 당신이 내게 축복하지 아니하면 가게 하지 아니하겠나이다. 그 사람이 그에게 이르되 네 이름이 무엇이냐. 그가 이르되 야곱이니이다. 그가 이르되 네 이름을 다시는 야곱이라 부를 것이 아니요 이스라엘이라

부를 것이니 이는 네가 하나님과 및 사람들과 겨루어 이겼음이니라. 야곱이 청하여 이르되 당신의 이름을 알려주소서. 그 사람이 이르되 어찌하여 내 이름을 묻느냐 하고 거기서 야곱에게 축복한지라. 그러므로 야곱이 그곳 이름을 브니엘이라 하였으니 그가 이르기를 내가 하나님과 대면하여 보았으나 내 생명이 보전되었다 함이더라"(창 32:24-30).

이 얼마나 경이로운 생각이란 말인가! 기도는 삼위일체 하나님의 일이다. 성부 하나님은 우리의 갈망을 일깨우셔서 우리에게 필요한 모든 것을 허락하신다. 성자 하나님은 그분의 중보기도를 통하여 우리에게 그분의 이름으로 기도하는 법을 가르쳐주신다. 그리고 성령 하나님은 은밀한 중에 우리의 연약한 갈망을 강하게 하신다.

이제 우리에게는 말할 수 없는 탄식으로 우리의 기도를 도우시는 기도의 성령이 계신다. 그분을 통하여 우리 삶은 지속해서 기도하는 삶을 살 수 있게 된다. 하나님께 감사하라. 성령은 우리 마음속에 머물러 계시면서 우리에게 기도하는 법을 가르쳐주시기 위하여 하늘에서 허락하신 분이다.

그리스도인이여, 성령의 인도하심에 귀를 기울이라. 모든 일에 말씀하시는 그분의 음성에 귀를 기울이라. 성령께서 당신을 기도의 사람으로 만들어 주실 것이다. 그러면 당신은 주변에 있는 사람을 위하여, 교회를 위하여, 구원받지 못한 온 세상을 위하여, 하나님의 위대한 일을 위하여 간구하는 중보자로 부르시는 그분의 부르심이 얼마나 영광스러운 일인지를 깨닫게 될 것이다.

날마다 하나님의 말씀을 먹어라

사람이 떡으로만 살 것이 아니요. 하나님의 입으로부터 나오는 모든 말씀으로 살 것이라. 마태복음 4:4.

마태복음 4장 4절에서 우리 주님은 하나님의 말씀을 일용할 양식에 비유하면서 우리에게 커다란 교훈을 가르쳐주신다. 양식이란 생명에 없어서는 안 될 중요한 요소이다. 우리는 이 사실을 너무나 잘 알고 있다. 어떤 사람이 아무리 강할지라도 지속해서 아무런 영양분도 섭취하지 않는다면 점점 더 허약해져서 결국에는 죽고 말 것이다. 만약 질병 때문에 아무것도 먹지 못하게 된다면 누구든 결국 사망에 이르고 말 것이다. 하나님의 말씀 역시 마찬가지다. 이 말씀에는 천국의 원리가 들어 있으며 이 말씀은 믿는 사람에게 강력하게 역사한다.

우리는 날마다 양식을 먹어야 한다. 또한 각종 양식에 관해 훤히 꿰고 있을 수도 있다. 우리에게 양식이 아주 많아서 다른 사람에게 후히 나눠줄 수도 있다. 그러나 우리 집에 양식이 쌓여 있고 식탁에도 늘 풍성하게 차려져 있다고 하더라도 그것을 직접 집어먹지 않으면 우리에게 아무런 소용이 없는 노릇이다.

그와 마찬가지로 아무리 하나님의 말씀에 대해 단순한 지식이 있을지라도, 심지어 그 말씀을 다른 사람에게 전파할 수 있을지라도 그것은 우리에게 별다른 유익을 주지 못한다. 단지 그에 대해서 생각하는 것만으로는 충분하지 않다. 하나님의 말씀을 먹고 우리 마음과 삶 안으로 받아들여야 한다. 순종하는 마음으로 하나님의 말씀을 꽉 붙잡고서 우리 마음에 그 말씀을 가득 채워야 한다. 그러면 실제로 그 말씀이 생명의 말씀이 될 것이다.

우리는 날마다 양식을 먹는다. 그와 마찬가지로 하나님의 말씀도 날마다 먹어야 한다. 그래서 시편 기자는 이렇게 노래했다. "복 있는 사람은 악인들의 꾀를 따르지 아니하며 죄인들의 길에 서지 아니하며 오만한 자들의 자리에 앉지 아니하고 오직 여호와의 율법을 즐거워하여 그의 율법을 주야로 묵상하는도다"(시 1:1-2).

"내가 보니 모든 완전한 것이 다 끝이 있어도 주의 계명들은 심히 넓으니이다. 내가 주의 법을 어찌 그리 사랑하는지요. 내가 그것을 종일 작은 소리로 읊조리나이다. 주의 계명들이 항상 나와 함께 하므로 그것들이 나를 원수보다 지혜롭게 하나이다. 내가 주의 증거들을 늘 읊조리므로 나의 명철함이 나의 모든 스승보다 나으며 주의 법도들을 지키므로 나의 명철함이 노인보다 나으니이다"(시 119:96-100). 강하고 힘 있는 영성생활을 확실히 영위하기 위해서는 날마다 반드시 하나님의 말씀을 섭취해야 한다.

예수님은 이 땅에 계셨을 때 하나님 아버지의 말씀을 배우고 사랑하고 순종하셨다. 만약 당신이 하나님 아버지와 교제하려고 노력한다면 당신은 하나님의 말씀 안에서 그분을 발견하게 될 것이다. 이 땅에 머물러 계셨을 때 그러셨던 것처럼 말씀을 통하여 하나님 아버지와 교통하는 법을 당신에게 가르쳐주실 것이다. 예수님과 마찬가지로 오직 하나님의 영광을 위하여 당신도 그분의 말씀을 먹으면서 살아가는 법을 배워야 한다.

하나님의 말씀을 읽는 법

복 있는 사람은 악인들의 꾀를 따르지 아니하며 죄인들의 길에 서지 아니하며 오만한 자들의 자리에 앉지 아니하고 오직 여호와의 율법을 즐거워하여 그의 율법을 주야로 묵상하는도다. 시편 1:1-2.

여기에 성경 읽기를 위한 몇 가지 간단한 규칙이 있다.

첫째, 지극히 경외하는 마음으로 하나님의 말씀을 읽어라. 기본적으로 그 말씀이 하나님에게서 왔다고 생각하면서 침묵하는 가운데 잠시 묵상하라. 깊이 경외하는 마음으로 그 앞에 엎드리라. 하나님의 보좌 앞에 조용히 머물러 있으라. 그러면 하나님께서 우리 마음에 그분의 말씀을 계시하실 것이다.

둘째, 조심스럽게 주의를 기울이면서 하나님의 말씀을 읽어라.

만약 인간적인 이해를 바탕으로 그 의미를 파악할 수 있다고 생각하면서 부주의하게 성경 말씀을 읽는다면 당신은 그 말씀을 피상적으로 파헤쳐서 더 깊은 곳으로 들어갈 수 없을 것이다. 누군가 우리에게 경이롭거나 아름다운 것을 설명하려고 애쓸 때 우리는 거기에 전적으로 주의를 기울여서 그 말을 제대로 이해하려고 노력할 것이다. 하나님의 생각은 우리 생각보다 얼마나 더 높고 깊단 말인가! "이는 하늘이 땅보다 높음같이 내 길은 너희의 길보다 높으며 내 생각은 너희의 생각보다 높음이니라"(사 55:9). 우리는 심지어 그 말씀의 피상적인 의미를 이해하기 위해서라도 산만하지 않은 상태에서 주의를 집중할 필요가 있다. 그런데 영적인 의미를 제대로 파악하기 위해서는 얼마나 더 정신을 바짝 차려야 하겠는가!

셋째, 하나님의 성령께서 인도하신다는 기대를 하고 성경 말씀을 읽어라. 그 말씀이 우리 마음과 삶 속에서 살아 있는 힘을 발휘할 수 있도록 도와주시는 분은 오직 하나님의 성령뿐이시다. 시편 119편을 읽어보라. 하나님께서 자신을 가르쳐주시기를, 자기 눈을 열어주시기를, 자신에게 총명을 허락해 주시기를, 자기 마음이 하나님의 길로 나아갈 수 있게 해달라고 다윗이 얼마나 간절하게 기도했는지 주목해 보라. 성경을 읽을 때 하나님의 말씀과 하나님의 성령은 절대 뗄 수 없는 불가분의 관계임을 항상 기억하길 바란다.

마지막으로, 당신의 마음과 삶 속에서 밤낮으로 그 말씀을 지키겠다는 확고한 목적을 가지고 성경 말씀을 읽어라. 온 마음을 다하여 삶의 모든 영역이 그 말씀의 영향력 아래 머물러 있게 하라. 다윗은 이렇게 말했다. "내가 주의 법을 어찌 그리 사랑하는지요. 내가 그것을 종일 작은 소리로 읊조리나이다"(시 119:97). 그와 마찬가지로 일상생활을 영위하는 가운데 모든 성도는 자기 마음속에 하나님의 말씀을 소중히 간직하고서 끊임없이 그것을 묵상해야 한다. 당신이 하나님의 말씀을 전심으로 받아들일 수 있을 때까지 다시 한번 시편 119편을 읽어보라. 하나님께서 그 말씀을 이해할 수 있도록 가르쳐주셔서 당신의 삶 속에서 그와 같은 교훈을 확실히 실행할 수 있도록 해달라고 기도하라.

하나님의 말씀과 기도

나의 고난이 매우 심하오니 여호와여 주의 말씀대로 나를 살아나게 하소서. 시편 119:107.

기도와 하나님의 말씀은 절대 떨어질 수 없으며 골방에서 조용히 시간을 보내는 동안 항상 함께 있어야 한다. 하나님은 성경 말씀을 통하여 나에게 말씀하신다. 나는 기도를 통하여 하나님께 말씀드린다. 만약 진정한 교제를 나누고 싶다면 하나님과 내가 둘 다 자기 몫을 제대로 감당해야 한다. 만약 내가 하나님의 말씀을 활용하지 않고 단지 기도만 한다면 나는 내 말과 생각에 사로잡히게 될 것이다. 진정으로 기도에 능력을 부여하기 위해서는 하나님의 말씀을 통하여 그분의 생각을 취하고서 하나님 앞에 그러한 생각들을 담담히 쏟아놓아야 한다. 그럴 때라야 내가 하나님의 말씀을 따라 기도할 수 있게 된다. 그러므로 모든 진실한 기도에는 언제나 하나님의 말씀이 필수불가결한 요소이다.

기도할 때마다 당신은 하나님을 정확히 알도록 애써야 한다. 성령께서 당신에게 하나님에 대한 올바른 개념을 허락하시는 통로는 성경 말씀이다. 하나님은 이 말씀을 통하여 당신이 얼마나 형편없고 죄악으로 가득한 존재인지를 명확히 깨닫게 해주신다. 이 말씀을 통해 하나님께서 당신을 위하여 온갖 기사와 이적을 베풀어주실 뿐만 아니라 하나님의 뜻을 행할 힘을 당신에게 부어준다. 이 말씀은 강렬한 소망, 확고한 믿음, 한결같은 끈기를 가지고 기도하는 법을 당신에게 가르쳐준다. 또한 당신의 현재 모습에 대해서 뿐만 아니라 하나님의 은혜를 통하여 앞으로 어떤 사람이 될 수 있을지도 가르쳐준다. 다른 무엇보다 예수님이 위대한 중보자라는 사실을 날마다 상기시켜 언제나 그분의 이름으로 기도하도록 도와준다.

오, 그리스도인이여! 이와 같은 엄청난 교훈을 마음에 새겨 하나님의 말씀 안에서 날마다 능력을 새롭게 하라. 그리하여 언제나 하나님의 뜻에 따라 기도하도록 하라.

네 첫사랑을 버렸느니라

그러나 너를 책망할 것이 있나니 너의 처음 사랑을 버렸느니라.
요한계시록 2:4.

요한계시록 2장 1~7절 말씀에는 에베소에 있는 교회의 열심과
수고를 보여주는 8가지 표지가 언급되어 있다. 그러나 한 가지 좋지
않은 표지가 있었으니, 주님은 이렇게 말씀하셨다. "그러므로 어디
서 떨어졌는지를 생각하고 회개하여 처음 행위를 가지라. 만일 그리
하지 아니하고 회개하지 아니하면 내가 네게 가서 네 촛대를 그 자
리에서 옮기리라"(계 2:5).

오늘날 교회 안에서도 이와 같은 결핍현상을 발견하게 된다. "너
의 처음 사랑을 버렸느니라." 진리를 향한 열심도 있고, 계속해서 인

내할 수고도 있지만 우리 주님께서 가장 소중히 여기는 게 여전히 빠져 있다. 그것은 바로 주님을 향한 부드럽고 뜨거운 사랑이다.

이것은 굉장히 중요한 이야기다. 어떤 교회나, 심지어 개별 그리스도인이 온갖 선한 행실로 모범을 보여줄 수도 있지만, 그럼에도 여전히 내면 깊은 곳에서 예수 그리스도를 향한 부드러운 사랑이 빠져 있을지도 모른다. 예수님과 날마다 인격적으로 나누는 교제가 없다면 사람이 자기 자신만을 만족시키려는 온갖 잡다한 활동은 주님의 눈에는 아무것도 아니다.

예수님 안에서 사랑하는 형제자매여, 이 책은 우리가 골방에서 예수님과 함께 나눌 수 있는 사랑과 교제에 관하여 이야기하고 있다. 모든 게 여기에 달려 있다. 예수님은 하나님 아버지께서 자기 아들을 사랑하셨던 바로 그 사랑으로 우리를 사랑하기 위하여 하늘에서 내려오셨다. "내가 아버지의 이름을 그들에게 알게 하였고 또 알게 하리니 이는 나를 사랑하신 사랑이 그들 안에 있고 나도 그들 안에 있게 하려 함이니이다"(요 17:26). 예수님은 우리 마음속에 이 사랑을 불어넣기 위하여 십자가에서 고통당하셨으며 거기서 돌아가셨다. 예수님의 사랑은 우리 편에서 보여주는 깊고 인격적인 사랑 이외에 다른 어떤 것으로도 채울 수 없다.

예수님은 이와 같은 사랑을 가장 숭고하고 소중하게 여기신다. 우리도 그와 같이 생각하자. 수많은 목회자, 선교사, 사역자 역시 부끄러운 마음으로 이렇게 고백한다. 곧 주님의 일에 아무리 열심을 보이더라도 다름 아닌 첫사랑을 잃어버렸기 때문에 기도생활이 공허하다는 것이다. 이와 같은 내용을 어디엔가 기록해 놓고 계속 마음속에서 놓치지 않기를 바란다. 자, 골방에서도, 모든 일과 사역에서도, 일상생활에서도 예수 그리스도의 사랑만이 우리의 전부가 되게 하자.

성령께서 우리에게 하시는 일

그가 내 영광을 나타내리니 내 것을 가지고 너희에게 알리시겠음이라. 요한복음 16:14.

제자들과 함께 마지막 날 밤을 보내시면서 우리 주님은 위로자 성령을 보내주겠다고 약속하셨다. 비록 주님께서 육신적으로 계속해서 함께하실 수는 없지만 제자들은 아주 놀라운 방식으로 주님의 임재를 맛보게 될 것이다. 성령께서 제자들의 마음속에 예수님을 너무나 생생하게 계시해 주셔서 지속해서 자신들과 함께 계시는 주님의 임재를 경험하게 될 것이다. 성령은 예수님을 영화롭게 하실 것이며 천상의 사랑과 권능 안에 머물러 계시는 영화로우신 예수님을 계시하실 것이다.

그리스도인들이 이런 영광스러운 진리를 얼마나 적게 이해하고, 얼마나 조금 믿으며, 얼마나 적게 체험하고 있는지 모른다. 만약 목회자들이 이와 같은 책이나 설교에서 온 마음을 다하여 예수 그리스도를 사랑하라고 격려하지 않는다면, 그와 동시에 오직 자기 힘만으로는 그 사랑을 실행할 수 없다고 경고하지 않는다면 목회자의 의무를 소홀히 하는 것이다. 그럴 수는 없다. 그것은 불가능한 일이다. 우리 마음속에 그분의 사랑을 부어주면서 그분을 뜨겁게 사랑하도록 가르쳐주는 것은 오직 성령 하나님뿐이시다. "소망이 우리를 부끄럽게 하지 아니함은 우리에게 주신 성령으로 말미암아 하나님의 사랑이 우리 마음에 부은 바 됨이니"(롬 5:5). 바로 그 성령을 통하여 우리는 온종일 예수 그리스도의 사랑과 지속적인 임재를 경험할 수 있게 된다.

그러나 하나님의 성령께서 우리를 완전히 소유하셔야 한다는 사실을 기억해야 한다. 그분은 우리 마음과 삶을 송두리째 갖기를 원하신다. 그분은 온 힘을 다하여 우리 속사람을 강하게 하셔서 우리가 예수님과 날마다 교제를 나누고, 예수님의 계명을 지키며, 예수님의 사랑 안에 거할 수 있도록 도와주신다. "그의 영광의 풍성함을 따라 그의 성령으로 말미암아 너희 속사람을 능력으로 강건하게 하시오며"(엡 3:16).

일단 이와 같은 진리를 이해하고 나면 우리는 스스로 성령을 깊이 의뢰하고 있다고 느끼기 시작할 것이며, 우리 마음속에 성령께서 권능으로 임하시게 해달라고 하나님 아버지께 간구하게 될 것이다. 성령은 말씀을 사랑하고 묵상하고 지키도록 우리를 가르치실 것이다. 성령은 우리에게 예수님의 사랑을 계시하셔서 "마음으로 뜨겁게"(벧전 1:22) 예수님을 사랑할 수 있게 하실 것이다. 그런 연후에야 우리는 일상생활의 여러 가지 분주하고 산만한 일을 해나가는 와중에도 예수님의 사랑이 영광스럽고 복된 현실로 다가올 수 있다는 사실을 깨닫기 시작할 것이다.

우리를 향한 그리스도의 사랑

아버지께서 나를 사랑하신 것같이 나도 너희를 사랑하였으니 나의 사랑 안에 거하라. 요한복음 15:9.

친구나 친척들과 서로 교제를 나누는 과정에서 모든 것은 서로를 향한 사랑에 달려 있다. 남편과 아내 사이에서, 또는 부모와 자녀 사이에서 사랑이 부족하다면 아무리 엄청난 부를 쌓았다고 하더라도, 도대체 무슨 가치가 있겠는가? 그리고 우리 신앙에서 그리스도의 사랑에 대한 지식과 체험이 부족하다면 하나님의 일에 대해 아무리 놀라운 지식과 열정이 가득하더라도 도대체 무슨 소용이 있겠는가?

"내가 사람의 방언과 천사의 말을 할지라도 사랑이 없으면 소리 나는 구리와 울리는 꽹과리가 되고 내가 예언하는 능력이 있어 모든 비밀과 모든 지식을 알고 또 산을 옮길 만한 모든 믿음이 있을지라도 사랑이 없으면 내가 아무것도 아니요. 내가 내게 있는 모든 것으로 구제하고 또 내 몸을 불사르게 내줄지라도 사랑이 없으면 내게 아무 유익이 없느니라"(고전 13:1-3).

오, 그리스도인이여! 골방에서 우리에게 필요한 한 가지는 그리스도께서 당신을 얼마나 많이 사랑하는지, 그리고 도대체 어떻게 당신이 그와 같은 사랑 안에 거하면서 이 사랑을 지속할 수 있는지를 체험적으로 아는 것이다.

그리스도께서 하신 말씀을 한번 생각해 보라. "아버지께서 나를 사랑하신 것같이." 이 얼마나 신성하고 놀랍고 영속적인 사랑이란 말인가! "나도 너희를 사랑하였으니." 이것은 그리스도께서 하나님 아버지를 사랑하셨던 것과 같은 사랑이며, 그분이 항상 자기 마음속에 품고 계셨던 사랑이고, 이제 제자들의 마음속에 부어주시는 사랑이다. 그리스도는 이같은 영존하는 사랑이 우리에게 달려 있으며, 우리 안에서 일어나 우리가 날마다 그 안에 거할 수 있기를 열망하고 계신다. 이 얼마나 복된 삶이란 말인가! 그리스도는 그분 자신이 경험하신 것과 같은 하나님의 사랑으로 말미암은 권능 안에서 모든 제자가 살아가기를 바라고 계신다.

사랑하는 독자여, 은밀하거나 공공연하게 날마다 그리스도와 함께 교제를 나누는 과정에서 당신은 이와 같은 천상의 사랑에 완전히 둘러싸여 있을 뿐만 아니라 거기에 전적으로 사로잡혀 있다는 사실을 알아야 한다. 당신의 갈망은 이와 같은 영속적인 사랑에까지 도달해야 한다. 당신이 날마다 교제를 나누기 원하는 대상인 그리스도는 자신의 사랑을 당신에게 채워주시기를 말할 수 없을 정도로 엄청나게 갈망하고 계신다.

하나님의 말씀에서 그리스도의 사랑을 언급하는 모든 구절을 읽어보라. 각각의 말씀을 묵상하고 그 말씀이 당신의 마음속으로 차츰 스며들게 하라. 머지않아 당신은 "내 삶에서 가장 행복한 사실은 내가 예수 그리스도께 사랑받고 있다는 것이다. 나는 온종일 그분과 함께 교제를 나누면서 살아갈 수 있다"는 사실을 깨닫기 시작할 것이다. 당신의 마음이 계속해서 이렇게 말할 수 있도록 하라. "나를 향한 그분의 사랑은 이루 다 말로 표현할 수 없다. 그리스도는 그분의 사랑 안에 항상 머물러 있도록 끊임없이 나를 지켜주실 것이다."

그리스도를 향한 우리의 사랑

예수를 너희가 보지 못하였으나 사랑하는도다. 이제도 보지 못하나 믿고 말할 수 없는 영광스러운 즐거움으로 기뻐하니 믿음의 결국 곧 영혼의 구원을 받음이라. 베드로전서 1:8-9.

그리스도인의 삶에 대하여 이 얼마나 놀랍고도 멋진 언급이란 말인가! 대개 사람들은 그리스도를 직접 만나 뵌 적이 없지만 진정으로 그분을 사랑하고 믿었다. 그리하여 마음에 말할 수 없는 기쁨이 충만하게 되었다. 그것이 바로 우리 주님을 정말로 사랑하는 그리스도인의 삶이다.

우리는 성부 하나님과 성자 하나님의 가장 큰 속성으로 서로에 대한 사랑과 인간에 대한 사랑에 주목해 왔다. 이러한 사랑은 진정한 그리스도인의 특징이며, 이 하나님과 그리스도의 사랑이 우리 마음속에서 부어져, 그것이 예수 그리스도를 향한 솟아나는 사랑의 샘으로 바뀌게 된다. "소망이 우리를 부끄럽게 하지 아니함은 우리에게 주신 성령으로 말미암아 하나님의 사랑이 우리 마음에 부은 바 됨이니"(롬 5:5).

이 사랑은 단지 복된 감정이 아니라 매우 활동적인 원천이다. 그 사랑은 사랑하는 주님의 뜻을 행하면서 즐거워한다. 그 사랑은 그분의 계명을 지키면서 기뻐한다. 우리를 향한 그리스도의 사랑은 십자가 위에서 우리를 대신해서 돌아가심으로써 극명하게 나타났다. 그러므로 우리 사랑은 이타적이고 자기희생적인 삶을 통하여 드러나야 한다. 그리고 "그리스도인의 삶에서는 그리스도를 향한 사랑이 전부"라는 사실을 고백해야 한다.

위대한 사랑은 위대한 믿음을 낳는다. 우리를 향한 그분의 사랑을 믿는 믿음, 우리 마음속에 그분의 사랑을 강력하게 계시하신다는 믿음, 그분의 사랑을 통하여 그리스도께서 우리 안에서 온갖 선한 일을 행하실 것이라는 믿음을 낳게 된다. 믿음과 사랑이라는 날개는 우리를 천국에까지 들어 올릴 것이며 우리는 이루 다 말할 수 없는 영광스러운 즐거움으로 기뻐하게 될 것이다. 이러한 그리스도인의 기쁨은 천상의 사랑과 즐거움으로 각 심령을 변화시켜 충만하게 채우시는 그리스도의 권능을 온 세상에 보여주게 될 것이다.

예수 그리스도를 사랑하는 여러분이여! 그리스도께서 공급하시는 천상의 사랑을 마음껏 들이마시기 위하여 날마다 골방에서 그분을 만나는 시간을 가지라. 그러한 만남은 당신의 믿음을 강하게 만들 것이며, 그로 말미암아 기쁨이 충만하게 될 것이다. 사랑, 기쁨, 믿음. 이러한 것들이 예수 그리스도의 은혜를 통하여 날마다 당신의 삶을 충만하게 채울 것이다.

동료 그리스도인을 향한 사랑

새 계명을 너희에게 주노니 서로 사랑하라. 내가 너희를 사랑한 것같이 너희도 서로 사랑하라. 너희가 서로 사랑하면 이로써 모든 사람이 너희가 내 제자인 줄 알리라. 요한복음 13:34-35.

예수 그리스도는 하나님 아버지께서 자신을 사랑하신 것처럼 자신도 제자들을 사랑한다고 말씀하셨다. 그래서 이제 우리는 예수님의 본보기를 따라 그와 같은 사랑으로 서로 사랑해야 한다.

"너희가 서로 사랑하면 이로써 모든 사람이 너희가 내 제자인 줄 알리라"(요 13:35). 그리스도는 그 이후에 이렇게 기도하셨다. "아버지여, 아버지께서 내 안에, 내가 아버지 안에 있는 것같이 그들도 다

하나가 되어 우리 안에 있게 하사 세상으로 아버지께서 나를 보내신 것을 믿게 하옵소서. 내게 주신 영광을 내가 그들에게 주었사오니 이는 우리가 하나가 된 것같이 그들도 하나가 되게 하려 함이니이다"(요 17:21-22). 만약 우리가 그리스도를 향한 하나님의 사랑과 우리를 향한 그리스도의 사랑을 드러낸다면 온 세상은 우리 신앙이 참되고 위로부터 내려온 것임을 인정할 수밖에 없을 것이다.

이것이 바로 성경시대에 실제로 일어난 일이다. 헬라인과 로마인, 유대인과 이방인은 서로 증오하였다. 이 세상에 존재하는 모든 나라에서 서로 사랑한다는 생각은 거의 찾아보기 어려웠다. 그러나 자기희생이라는 개념은 아주 이상한 변화를 가져왔다. 성령께서 강력하게 역사하심으로써 각기 다른 나라 출신의 그리스도인 사이에서 서로 하나가 되고 서로 사랑하는 모습을 구원받지 못한 사람들이 보았을 때, 심지어 그리스도인들이 전염병이 돌거나 심각한 질병을 앓고 있는 중에도 자기를 희생하는 모습을 보여주었을 때 그 시대의 사람들은 굉장히 놀라워하면서 이렇게 말했다. "이 사람들이 얼마나 서로 사랑하는지 한번 보라!"(요 13:35 참조).

신앙을 고백하는 그리스도인들이 형제애라는 믿음과 감정으로 어떻게든 하나되는 모습을 보여주기도 하지만 흔히 그리스도께서 보여주신 천상의 사랑은 눈에 잘 띄지 않는다. 그래서 우리는 마땅히 그래야 함에도 온 마음을 다하여 서로 짐을 지거나 서로 사랑하지 못한다. 그러므로 그리스도께서 당신을 사랑하시는 것과 같은 사랑으로 동료 성도를 사랑할 수 있도록 해달라고 기도하라. 만약 우리가 그리스도의 사랑 안에 머물러 있으면서 그 사랑으로 우리 마음을 가득 채운다면 하나님의 모든 자녀를 사랑할 수 있을 만큼 충분한 능력이 우리에게 허락될 것이다. 성부 하나님과 성자 하나님 사이를, 그리스도와 그분을 따르는 사람들 사이를 연결하는 사랑이 끈끈하게 존재하는 것과 마찬가지로 하나님의 모든 자녀 사이에도 그런 사랑이 반드시 존재해야 한다.

죽어가는 영혼을 향한 사랑

너희가 알 것은 죄인을 미혹된 길에서 돌아서게 하는 자가 그의 영혼을 사망에서 구원할 것이며 허다한 죄를 덮을 것임이라. 야고보서 5:20.

내가 한 영혼을 영원한 죽음에서 구할 수 있다는 것이 얼마나 놀라운 생각이란 말인가! 도대체 어떻게 이것이 가능하단 말인가? 그 영혼을 그릇된 길에서 돌이키도록 해야 한다. 이것은 사역자만을 위한 부르심이 아니라 모든 그리스도인을 향한 부르심이다. 곧 죄인의 구원을 위해 열심히 노력하는 것은 모든 성도의 마땅한 사명이다.

그리스도와 그분의 사랑이 우리 마음을 완전히 사로잡을 때 그분은 우리에게 이와 같은 사랑을 허락하셔서 다른 사람을 그분께로 데려올 수 있도록 도와주신다. 이와 같은 방식으로 그리스도의 왕국은 점차 확장된다. 자기 마음속에 그리스도의 사랑을 간직하고 있는 모든 사람은 다른 영혼에 그 사랑을 전하라는 명령을 받고 있다. 초대교회도 이와 마찬가지였다. 오순절 이후에 사람들은 밖으로 나가 그리스도의 사랑에 관해 전하기 시작했으며, 이때 그것은 직접 체험한 사랑이었다. 여러 이방인 저술가에 따르면 1세기에 기독교가 급속히 퍼져 나간 이유는 그리스도의 사랑으로 충만한 모든 회심자가 다른 사람들에게 복된 소식을 전하려고 방방곡곡 흩어졌기 때문이다. 그때 얼마나 놀라운 변화가 전 세계에 걸쳐 일어났단 말인가!

그런데 요즘 그리스도인들은 다른 영혼을 그리스도께로 인도하려고 전혀 애쓰지 않는 것 같다. 그리스도인의 사랑이 너무나 허약하고 미약하여 다른 사람을 도와주겠다는 아무런 욕구를 느끼지 못하는 것 같다. 그렇기에 우리는 그리스도의 사랑을 전하지 않고는 견딜 수 없는 그런 때가 곧 찾아오기를 합심해서 기도해야 한다.

사랑하는 독자여, 당신의 마음을 유심히 살펴보라. 그리스도와 교제를 나누면서 단지 자신의 영혼에 대해서 생각할 뿐만 아니라 하나님의 사랑이라는 선물을 받았으니 이제 다른 사람에게도 그 사랑을 전할 수 있도록 기도하라. 그러면 당신은 참 행복, 곧 그리스도께로 영혼을 인도하는 기쁨을 맛보게 될 것이다. 우리가 하나님의 사랑으로 가득 차서 그분께로 다른 영혼을 인도하는 일에 온 마음을 다하여 자신을 굴복시킬 수 있도록 간절히 기도하라.

사랑을 부어주시는 성령님

소망이 우리를 부끄럽게 하지 아니함은 우리에게 주신 성령으로 말미암아 하나님의 사랑이 우리 마음에 부은 바 됨이니. 로마서 5:5. 오직 성령의 열매는 사랑과 희락과 화평과 오래 참음과 자비와 양선과 충성과 온유와 절제니 이같은 것을 금지할 법이 없느니라. 갈라디아서 5:22-23.

우리를 향한 그리스도의 사랑, 그리스도를 향한 우리의 사랑, 그리고 동료 그리스도인이나 주변의 죽어가는 영혼을 향한 우리의 사랑을 주의 깊게 살펴볼 때, 때때로 이와 같은 생각을 떠올리게 된다. '그에 대한 필요는 매우 크고 많지만 거기까지 도달하기란 굉장히 어려운 일이야. 아무리 그리스도인이라도 이와 같은 사랑의 삶을 살면서 다른 영혼의 필요를 채워주기란 거의 불가능'라고 말이다. 그러니까 그 사랑이 불가능하다고 간주하기 때문에, 그리고 하나님의 약속에 대한 믿음 부족 때문에 우리는 이와 같은 사랑의 영을 키워가는 데서 거의 별다른 진전을 보이지 못하고 있다.

그러므로 우리는 자신의 힘으로는 아무리 진지한 생각으로도 그리스도의 사랑을 억지로 얻을 수 없다는 사실을 계속해서 상기해야 한다. 우리는 "우리에게 주신 성령으로 말미암아 하나님의 사랑이 우리 마음에 부은 바 되었다"는 진리를 항상 되새겨야 한다. 오직 성령의 인도하심에 전적으로 굴복할 때라야 하나님의 뜻에 따라 살아갈 수 있게 될 것이기 때문이다. 사랑에 기초한 이러한 내적인 삶을 통하여 날마다 새로워질 때라야 우리는 영혼들을 위하여 일할 수밖에 없다고 느끼게 될 것이기 때문이다.

여기에 당신이 올려드릴 수 있는 기도가 있다.

"이러므로 내가 하늘과 땅에 있는 각 족속에게 이름을 주신 아버지 앞에 무릎을 꿇고 비노니 그의 영광의 풍성함을 따라 그의 성령으로 말미암아 너희 속사람을 능력으로 강건하게 하시오며 믿음으로 말미암아 그리스도께서 너희 마음에 계시게 하시옵고 너희가 사랑 가운데서 뿌리가 박히고 터가 굳어져서 능히 모든 성도와 함께 지식에 넘치는 그리스도의 사랑을 알고 그 너비와 길이와 높이와 깊이가 어떠함을 깨달아 하나님의 모든 충만하신 것으로 너희에게 충만하게 하시기를 구하노라"(엡 3:14-19).

우리가 이 사랑에 "뿌리가 박히고 터가 굳어져서" "지식에 넘치는" 사랑을 알 수도 있지만, 단 한 가지 조건 위에서만 그럴 수 있다. 곧 우리 '속사람이' 성령으로 강해져서 그리스도께서 마음속에 거하실 수 있도록 순종할 때만 말이다. 그러면 우리는 실제로 "사랑 가운데서 뿌리가 박히고 터가 굳어지게" 될 것이다.

그리스도인이여, 하나님의 말씀으로부터 이 메시지를 받으라. 그리하여 이 말씀이 당신 삶에 영향을 미치도록 하라. 만약 날마다 무릎 꿇고 그분의 성령께서 당신 마음속에 계시하시도록 하나님을 고대하지 않는다면 이와 같은 사랑 안에서 살아갈 수 없다. 기도생

활은 당신이 그리스도의 사랑, 동료 성도들을 향한 사랑, 영혼들을
향한 사랑이라는 복된 실재를 경험하도록 인도할 것이다. 하나님께
서 믿음으로 구하는 자에게 허락하시는 사랑의 성령, 날마다 은밀한
중에 바로 그 성령을 확신하도록 하라.

다 함께 마음을 모으는 연합기도

여자들과 예수의 어머니 마리아와 예수의 아우들과 더불어 마음
을 같이하여 오로지 기도에 힘쓰더라. 사도행전 1:14. 그들이 다
성령의 충만함을 받고 성령이 말하게 하심을 따라 다른 언어들
로 말하기를 시작하니라. 사도행전 2:4.

온 마음을 다하여 함께 간구하는 기도 모임의 가치는 엄청난 것
이다. 이것은 하나님의 자녀들이 설교를 듣기 위해서 교회에 모이는
것이 아니라 하나님께 각 사람의 마음을 연합하여 올려드리기 위하
여 모이는 것이다. 여기서 연약한 사람은 더 오래되고 경험 많은 구
성원의 간증을 통하여 서로 더 강해지고 격려받게 되며, 심지어 어
린 그리스도인들도 주님을 새롭게 만난 기쁨을 서로 함께 나눌 기회
를 얻게 된다.

이런 기도 모임은 회중 가운데서 선한 일을 일으키는 커다란 힘
으로 작용할 수 있으며 사역자와 구성원 모두에게 영적 도움을 제공

할 수 있다. 흔히 어떤 사람들은 사회적이고 종교적인 열정을 쏟아내기 위하여 부지런히 애쓰면서 '경건의 모양'을 갖추려고 노력한다. "경건의 모양은 있으나 경건의 능력은 부인하니 이같은 자들에게서 네가 돌아서라"(딤후 3:5). 하지만 은밀한 기도생활에 대해서는 그다지 잘 알지 못한다. 골방에서 간절히 무릎 꿇지 않는다면 기도 모임에 참석하는 것은 단지 경건의 모양에 지나지 않을 수도 있다. 그러므로 우리는 골방에서 드리는 기도생활을 통하여 뿌리에 영양분을 공급받는 그러한 기도 모임의 영향력이 얼마나 큰지를 정확히 깨달아야 한다.

사랑하는 독자여, 이 책에서 내가 목표하는 바는 당신의 영성생활을 도와주는 것이다. 당신은 혼자서 살아가는 게 아니라 그리스도의 몸에 붙어 있는 지체라는 사실을 기억해야 한다. 그러므로 우리는 연합기도 시간에 전 세계에 흩어져 있는 하나님의 백성과 그분의 교회를 포함한 모든 그리스도인을 위하여 열심히 기도해야 한다. 또한 땅속 깊은 곳에 숨겨진 나무뿌리는 하늘로 무성하게 뻗어 올라간 나뭇가지들과 하나이기에, 아무리 은밀한 골방에서 드리는 개인기도일지라도 모두 함께 마음을 모아서 드리는 연합기도와 불가분하게 밀접한 관계를 맺고 있음을 항상 기억해야 한다.

다른 사람들을 위한 중보기도

모든 기도와 간구를 하되 항상 성령 안에서 기도하고 이를 위하여 깨어 구하기를 항상 힘쓰며 여러 성도를 위하여 구하라. 에베소서 6:18.

중보기도에는 이루 다 말로 표현할 수 없는 놀라운 축복이 얼마나 담겨 있는지 모른다! 우리에게 천상의 은사를 내려달라고 기도하는 것도 경이로운 은혜이기는 하지만 타인에게 축복을 내려달라고 간구하는 것은 사실상 쉽게 상상할 수 없을 정도로 커다란 영예이다. 그런데 사랑의 하나님은 우리 기도에 의지하여 다른 사람에게 축복을 부어주신다. 사실상 하나님은 다른 사람들이 그분을 기억하게 하는 동역자로 우리를 부르신 것이다. 하나님의 일을 감당하는 동역 관계에 우리를 참여시키신 것이다. 만약 우리가 자기 몫을 제대로 감당하지 못한다면 다른 사람들이 커다란 고통을 당할지도 모르며, 하나님의 일이 이루 다 말할 수 없을 만큼 커다란 손실을 겪게 될지도 모른다.

하나님은 영혼을 구원하는 수단 가운데 하나로, 그리고 복음에 대하여 성도와 사역자들을 믿음 가운데 세워가는 수단 가운데 하나로 중보기도를 명하셨다. 심지어 전혀 알지 못하는 땅끝에서조차도 우리 기도를 통하여 생명과 축복을 허락하신다. 하나님의 자녀가 중보기도라는 수단을 통하여 온 땅에 축복이 임하도록 기쁜 마음으로 애써야 하는 이유가 바로 이것이다.

그리스도인이여, 당신과 다른 사람들을 위한 은혜의 수단으로 중보기도를 활용하기 시작하라. 이웃 사람을 위하여 기도하라. 그리스도께로 돌아오고 싶다는 명백한 갈망을 지닌 영혼을 위하여 기도하라. 담임목사를 위하여 기도하라. 모든 사역자와 선교사를 위하여 기도하라. 자기 나라와 국민을 위하여 기도하라. 모든 사람을 위하여 기도하라. 만약 성령의 인도하심에 당신 자신을 굴복시켜 전적으로 하나님을 위하여 살아간다면 당신은 기도하면서 드린 시간이 충분히 하나님을 기쁘시게 하는 제물이 된다는 사실을 깨닫게 될 것이다. 당신 자신에게 축복을 가져올 뿐만 아니라 중보하는 대상의 삶에도 능력이 임한다는 사실을 머지않아 경험하게 될 것이다.

그렇다. "모든 기도와 간구를 하되 항상 성령 안에서 기도하고 이를 위하여 깨어 구하기를 항상 힘쓰며 여러 성도를 위하여 구하라"(엡 6:18). 그렇게 기도하는 과정에서 당신은 영혼을 얻고 하나님께 영광을 돌리는 가장 중요한 수단이 바로 중보기도라는 교훈을 배우게 될 것이다.

오직 그리스도를 위하여

한 사람이 모든 사람을 대신하여 죽었은즉 모든 사람이 죽은 것
이라. 그가 모든 사람을 대신하여 죽으심은 살아 있는 자들로 하
여금 다시는 그들 자신을 위하여 살지 않고 오직 그들을 대신하
여 죽었다가 다시 살아나신 이를 위하여 살게 하려 함이라. 고린
도후서 5:14-15.

여기서는 삼중적인 삶이 언급되고 있다. 먼저 옛 본성을 따라 살
아가는 그리스도인의 삶이다. 이 사람은 오직 자기 자신만을 위하여
살아간다. 둘째는 진정한 그리스도인의 삶이다. 이 사람은 오직 그
리스도를 위하여 살아간다. 셋째는 하늘에 계신 그리스도의 삶이다.
그분은 전적으로 우리를 위해 살아가고 계신다.

그리스도인은 오직 자기 자신만을 위하여 살아가는 삶이 얼마나 어리석은 일인지를 확실히 깨달을 필요가 있다. 우리는 회심하는 과정에서 자신의 구원에 대해서만 생각하고 하나님의 영광에 대해서는 그다지 중요하게 여기지 않았다. 또한 고귀한 보혈로 우리를 구속하신 그리스도께서 각 사람에게 요구하시는 명령에 관해서도 그다지 생각하지 않았다. 우리는 자신을 위하여 살아가면서 주님을 위해서는 거의 아무것도 하지 않는 삶에 만족하려고 한다. 그러나 자기를 향한 고귀한 부르심을 받아들여 하나님을 섬기기 위해 전적으로 자기 인생을 성별하여 드리는 특권과 축복을 깨닫는 성도는 진정한 행복을 발견하게 될 것이다.

그러한 삶을 살아가지 못하도록 방해하는 장애물은 불신앙이다. 사탄은 하나님께 완전히 순복하는 것은 불가능하다고 속삭인다. 그러나 진리가 우리를 단단히 붙잡을 때 하늘에 계신 그리스도께서 전적으로 우리를 위하여 살아계시며, 그분은 나에게 생명을 내주셔서 내가 오직 그리스도를 위하여 살아갈 수 있게 하신다. 그러면 이제 우리는 "사랑하는 주 예수님, 이 순간 이후부터 날마다 주님께 드리는 제 기도가 '오직 그리스도를 위하여, 전적으로 그리스도를 위하여'로 바뀌게 하소서"라고 기쁜 마음으로 말할 수 있게 될 것이다.

사랑하는 형제자매여, 이 외의 다른 어떤 것도 당신의 간절한 소망, 당신의 기도, 당신의 확실한 기대감으로 자리 잡지 않도록 하라. 또한 "그리스도는 저를 위하여 돌아가셨을 뿐만 아니라 그분께서 값

주고 사신 소유로 저를 지켜주시고 성별하시기 위하여 하늘에 살아 계십니다"라고 고백하라. 그리스도께서 그분의 몸에 붙어 있는 지체로 당신을 지켜주셔서 당신이 그분을 위하여 일하면서 살아가도록 하신다는 이처럼 놀라운 진리를 한번 곰곰이 묵상해 보라.

뭇 영혼들을 찾아다니고 그분의 백성을 섬기면서 오직 하나님을 위하여 살아가는 은혜를 달라고 기도하라. 우리 속사람이 너무나 강하게 연합하여 온 마음을 다하여 "오직 저를 위하여 자기 자신을 내주시고, 이제는 전적으로 저를 위하여 하늘에 살아계시는 그리스도여! 지금부터 오직 주님만을 위하여 살겠습니다!"라고 고백할 수 있도록 날마다 그분과 함께 시간을 보내도록 하라.

그리스도의 십자가

내가 그리스도와 함께 십자가에 못 박혔나니 그런즉 이제는 내가 사는 것이 아니요. 오직 내 안에 그리스도께서 사시는 것이라. 이제 내가 육체 가운데 사는 것은 나를 사랑하사 나를 위하여 자기 자신을 버리신 하나님의 아들을 믿는 믿음 안에서 사는 것이라. 갈라디아서 2:20.

그리스도의 십자가는 그분에게 가장 큰 영광이다. 예수 그리스도는 십자가에 달려 죽기까지 자기 자신을 낮추셨기 때문에 하나님은 그리스도를 지극히 높여주셨다. "사람의 모양으로 나타나사 자기를 낮추시고 죽기까지 복종하셨으니 곧 십자가에 죽으심이라. 이러므로 하나님이 그를 지극히 높여 모든 이름 위에 뛰어난 이름을 주사"(빌 2:8-9). 십자가는 사탄과 죄를 정복하는 권세였다.

그리스도인은 그리스도와 함께 십자가를 짊어진다. 십자가에 못 박히신 그리스도께서 성령을 통하여 우리 안에 살아계시며 이 십자가의 영이 우리에게 영감을 불어넣는다. 그래서 우리는 그리스도와 함께 죽은 자로서 살아가게 된다. 이처럼 그리스도께서 십자가에 달리신 능력을 깨닫게 될 때 우리는 세상과 죄에 대하여 죽은 자로서 살아가게 되며, 이와 같은 능력이 우리 삶 속에 실제로 자리 잡게 된다. 결국 그리스도는 십자가에 못 박히신 분으로서 우리 안에 살아 있게 된다.

우리 주님은 제자들에게 "누구든지 나를 따라오려거든 자기를 부인하고 자기 십자가를 지고 나를 따를 것이니라"(마 16:24)고 말씀하셨다. 그 당시에 제자들이 이와 같은 예수님의 말씀을 이해했을까? 제자들은 주변에서 십자가를 짊어지고 가는 사람들을 자주 보았을 것이며, 그래서 이것이 굉장히 고통스러운 죽음을 의미한다는 사실을 잘 알고 있었을 것이다. 온 세상을 위하여 죽어야 한다는 사형선고로 말미암아 그리스도는 모든 생명을 바쳐서 자기 십자가를 짊어지셨다.

그와 마찬가지로 모든 그리스도인도 자기 십자가를 짊어지고 자신이 죽을 수밖에 없는 존재임을 기꺼이 인정해야 한다. 그러면서 이미 그리스도와 함께 십자가에 못 박혔다고, 그리하여 십자가에 못 박히신 그리스도께서 자기 안에 살아계신다고 믿어야 한다. "우리가 알거니와 우리의 옛사람이 예수와 함께 십자가에 못 박힌 것은 죄의 몸이 죽어 다시는 우리가 죄에게 종노릇 하지 아니하려 함이니"(롬 6:6). "그리스도 예수의 사람들은 육체와 함께 그 정욕과 탐심을 십자가에 못 박았느니라"(갈 5:24).

이와 같은 십자가의 삶을 받아들였을 때 우리는 바울과 더불어 "그러나 내게는 우리 주 예수 그리스도의 십자가 외에 결코 자랑할 것이 없으니 그리스도로 말미암아 세상이 나를 대하여 십자가에 못 박히고 내가 또한 세상을 대하여 그러하니라"(갈 6:14)고 담대히 말할 수 있게 될 것이다.

이것은 굉장히 심오한 영적 진리이다. 이에 관하여 되풀이하여 생각하면서 기도해 보라. 그러면 성령께서 가르쳐주실 것이다. 예수 그리스도께서 십자가에 달리신 것, 그분의 겸비하심, 온갖 세상 명예를 버리신 것, 그분이 보여주신 자기 부인의 영이 당신을 사로잡도록 하라. 그리스도의 죽으심으로 말미암은 능력이 당신 안에서 역사할 것이며 그분과 마찬가지로 그분의 죽으심에 기꺼이 동참하게 될 것이다. 그러면 당신은 "내가 그리스도와 그 부활의 권능과 그 고난에 참여함을 알고자 하여 그의 죽으심을 본받"는 자가 될 수 있을 것이다(빌 3:10). 사랑하는 독자여, 그리스도께서 성령을 통하여 십자가에 못 박히신 분으로 그분 자신을 계시할 수 있도록 충분히 시간을 드리라.

그리스도로 옷 입어라

누구든지 그리스도와 합하기 위하여 세례를 받은 자는 그리스도로 옷 입었느니라. 갈라디아서 3:27. 오직 주 예수 그리스도로 옷 입고 정욕을 위하여 육신의 일을 도모하지 말라. 로마서 13:14.

여기서 '옷 입다'로 번역된 헬라어는 실제로 옷을 입는 것과 관련하여 사용되는 말과 같은 뜻이다. 우리는 "하나님을 따라 의와 진리의 거룩함으로 지으심을 받은 새 사람을 입"어야 한다(엡 4:24). 그런데 이 새로운 본성은 마치 우리가 입고 있는 의복이나 마찬가지여서 주변 모든 사람이 우리가 누구인지를 충분히 알 수 있다. 세례받는 자리에서 그리스도를 고백하는 순간, 우리는 "그리스도로 옷 입었다"라고 사도 바울은 말했다. 입고 있는 옷으로 누구인지를 알아볼 수 있는 것과 마찬가지로 그리스도인 역시 그리스도로 옷을 입고 있다는 사실이 그 삶과 성품에서 그리스도를 보여준다는 사실을 통하여 주변 사람에게 알려지게 된다.

"오직 주 예수 그리스도로 옷 입어라"는 말씀은 단지 회심 단계뿐 아니라 일상생활에서도 이루어져야 한다. 날마다 옷을 입고 그

옷으로 말미암아 자신이 누구인지를 나타내는 것처럼 그리스도인도 날마다 예수 그리스도를 옷 입어야 한다. 그래서 이제 더는 육신의 정욕을 충족시키기 위하여 살아가는 게 아니라 우리 주님의 형상을 포함하여 그분의 형상으로 빚어진 새사람이 되었다는 사실을 보여 주어야 한다.

그리스도로 옷 입어라! 이 일은 날마다 골방에서 이루어져야 한다. 우리는 하늘에 계신 예수 그리스도를 옷 입어야 한다. 그러나 우리가 그리스도를 옷 입기 위해서는 시간이 필요하다. 옷이 나를 감싸주고 바람과 햇빛으로부터 보호해 주는 것처럼 예수 그리스도께서도 우리의 아름다움, 우리의 보호자, 우리의 기쁨이 될 것이다. 기도하는 가운데 그리스도와 교통할 때 그분은 우리에게 자기 자신을 내주신다. 그리하여 우리가 그분 안에 머물러 있으면서 그분에게 영원히 사로잡힌 자로서 그분과 동행할 수 있도록 우리에게 힘을 불어넣어 주신다.

그리스도인들이여, 이처럼 놀라운 진리를 묵상하기 위한 시간을 가지라. 세상으로 나아갈 때 반드시 옷을 입어야 하는 것처럼 그분 안에 머물러 있으면서 온종일 그분과 동행하기 위해서는 반드시 예수 그리스도로 옷 입어야 한다.

이것은 성급하게 피상적으로 이루어질 수 있는 일이 아니다. 당신이 그리스도로 옷 입었다는 사실을 깨닫기 위해서는 시간이 필요하다. 날마다 예수님과 살아 있는 교제를 나누면서 조용한 시간을 가져야 한다. 충분히 시간을 가지면서 수고를 아끼지 않도록 해야 한다. 그러면 그리스도께 받는 상급이 크고 넘칠 것이다.

그리스도 안에 있으니

너희는 하나님으로부터 나서 그리스도 예수 안에 있고 예수는 하나님으로부터 나와서 우리에게 지혜와 의로움과 거룩함과 구원함이 되셨으니. 고린도전서 1:30.

"그리스도 예수 안에"라는 표현은 고린도전서에서 자주 사용되는 문구이다. 어떤 그리스도인이든 "내가 예수 그리스도 안에 있다"는 진리를 기도하면서 믿음으로 받아들일 때 비로소 하나님의 말씀을 제대로 이해할 수 있게 된다. 또한 그럴 때 자기 삶에서 말씀의 충만한 능력을 경험할 수 있게 된다.

제자들과 함께 마지막 밤을 보내면서 예수 그리스도는 여러 번 이와 같은 표현을 사용하셨다. 성령께서 강하게 임하자 "그날에는 내가 아버지 안에, 너희가 내 안에, 내가 너희 안에 있는 것을 너희가 알리라"(요 14:20)고 예수님은 말씀하셨다. 그리고 이어서 "내 안에 거하라. 나도 너희 안에 거하리라. 가지가 포도나무에 붙어 있지 아니하면 스스로 열매를 맺을 수 없음같이 너희도 내 안에 있지 아니하면 그러하리라. 나는 포도나무요 너희는 가지라. 그가 내 안에,

내가 그 안에 거하면 사람이 열매를 많이 맺나니 나를 떠나서는 너희가 아무것도 할 수 없음이라"(요 15:4-5)고, "너희가 내 안에 거하고 내 말이 너희 안에 거하면 무엇이든지 원하는 대로 구하라. 그리하면 이루리라"(요 15:7)고 말씀하셨다. 그러나 먼저 "그리스도 안에서"라는 말씀을 기도하는 마음으로 받아들여야지만 우리는 이러한 약속을 단단히 붙잡을 수 있게 된다.

사도 바울도 로마서에서 그와 같은 생각을 표현했다. "그러므로 우리가 그의 죽으심과 합하여 세례를 받음으로 그와 함께 장사되었나니"(롬 6:4). "이와 같이 너희도 너희 자신을 죄에 대하여는 죽은 자요. 그리스도 예수 안에서 하나님께 대하여는 살아 있는 자로 여길지어다"(롬 6:11). "그러므로 이제 그리스도 예수 안에 있는 자에게는 결코 정죄함이 없나니"(롬 8:1).

에베소서에서 바울은 "하나님 곧 우리 주 예수 그리스도의 아버지께서 그리스도 안에서 하늘에 속한 모든 신령한 복을 우리에게 주시되"(엡 1:3)라고 말했으며, 또한 "곧 창세 전에 그리스도 안에서 우리를 택하사 우리로 사랑 안에서 그 앞에 거룩하고 흠이 없게 하시려고 그 기쁘신 뜻대로 우리를 예정하사 예수 그리스도로 말미암아 자기의 아들들이 되게 하셨으니"(엡 1:4-5)라고 기록했다. 그러면서 "이는 그가 사랑하시는 자 안에서 우리에게 거저 주시는 바 그의 은혜의 영광을 찬송하게 하려는 것이라. 우리는 그리스도 안에서 그의 은혜의 풍성함을 따라 그의 피로 말미암아 속량 곧 죄 사함을 받았느니라"(엡 1:6-7)고 선포했다.

그리고 골로새서에서는 이렇게 말했다. "우리가 그를 전파하여 각 사람을 권하고 모든 지혜로 각 사람을 가르침은 각 사람을 그리스도 안에서 완전한 자로 세우려 함이니"(골 1:28), "그러므로 너희가 그리스도 예수를 주로 받았으니 그 안에서 행하되 그 안에 뿌리를 박으며 세움을 받아 교훈을 받은 대로 믿음에 굳게 서서 감사함을 넘치게 하라"(골 2:6-7), "그 안에는 신성의 모든 충만이 육체로 거하시고 너희도 그 안에서 충만하여졌으니 그는 모든 통치자와 권세의 머리시라. 또 그 안에서 너희가 손으로 하지 아니한 할례를 받았으니"(골 2:9-11).

당신도 믿음으로 이러한 말씀을 단단히 붙잡도록 하라. 그리스도 안에서 우리를 굳게 세워주시는 분은 하나님이시다. "우리를 너희와 함께 그리스도 안에서 굳건하게 하시고 우리에게 기름을 부으신 이는 하나님이시니 그가 또한 우리에게 인치시고 보증으로 우리 마음에 성령을 주셨느니라"(고후 1:21-22). 성령께서 이것을 경험하게 하실 것이다. 간절히 기도하면서 성령의 인도하심을 따르라. 말씀이 당신의 마음속에 뿌리를 내릴 것이며 당신은 천상의 능력을 깨닫게 될 것이다. 그러나 그리스도 안에 거하는 것은 마음의 문제임을 기억하길 바란다. 그것은 사랑의 영 안에서 자라나야 한다. 오직 예수 그리스도와 함께 날마다 교제하는 시간을 가질 때라야 비로소 그리스도 안에 거하는 일이 복된 실재가 될 것이며 우리 속사람이 날로 새로워지게 될 것이다.

내 안에 계신 그리스도

너희는 믿음 안에 있는가 너희 자신을 시험하고 너희 자신을 확증하라. 예수 그리스도께서 너희 안에 계신 줄을 너희가 스스로 알지 못하느냐. 그렇지 않으면 너희는 버림받은 자니라. 고린도후서 13:5.

사도 바울은 모든 그리스도인이 "그리스도께서 내 안에 계신다"는 충만한 확신 안에서 살아가기를 원했다. 만약 우리가 '그리스도께서 내 안에 계신다'는 생각으로 충만해지기 위하여 매일 아침 그리스도와 함께하는 시간을 가질 수 있다면 과연 우리 삶에 얼마나 커다란 차이를 만들어 낼 수 있겠는가! 내가 그리스도 안에 있다고 확신하는 만큼 그리스도께서도 내 안에 계신다.

이 땅에서 마지막 밤을 보내시면서 그리스도는 제자들에게 "그 날에는 내가 아버지 안에, 너희가 내 안에, 내가 너희 안에 있는 것을 너희가 알리라"(요 14:20)고 성령께서 가르쳐주실 것이라고 분명히 말씀하셨다. 하나님의 권능으로 말미암아 그리스도를 믿는 우리는 모두 그리스도와 함께 십자가에 못 박혔으며 그리스도와 함께 다시 살아났다. 그 결과로 그리스도는 우리 안에 계신다. 그러나 이 지식은 모든 사람에게 쉽게 찾아오지는 않는다. 하나님의 말씀을 믿는 믿음을 통하여 우리 그리스도인은 그 사실을 받아들이게 된다. 그러면 성령께서 우리를 모든 진리 가운데로 인도하실 것이다. "그러나 진리의 성령이 오시면 그가 너희를 모든 진리 가운데로 인도하시리니 그가 스스로 말하지 않고 오직 들은 것을 말하며 장래 일을 너희에게 알리시리라"(요 16:13). 기도하는 가운데 이와 같은 축복을 깨닫고 단단히 붙잡기 위하여 당장 오늘부터 그리스도와 함께 시간을 가지라.

사도 바울은 에베소서 3장 16~17절의 기도를 통하여 이와 같은 생각을 분명히 표현했다. "그의 영광의 풍성함을 따라 그의 성령으로 말미암아 너희 속사람을 능력으로 강건하게 하시오며 믿음으로 말미암아 그리스도께서 너희 마음에 계시게 하시옵고." 이것은 은혜라는 평범한 선물이 아니라 하나님의 사랑과 능력을 특별히 계시하시는 것임을 주목하길 바란다. 이와 같은 사실을 이해했는가? 모든 그리스도인은 실제로 하나님의 충만하심으로 충만해지는 체험을 맛볼 수 있다.

사랑하는 그리스도인이여, 바울은 "이러므로 내가 하늘과 땅에 있는 각 족속에게 이름을 주신 아버지 앞에 무릎을 꿇고 비노니"(엡 3:14-15)라고 말했다. 이것이 바로 다음과 같은 고백을 할 수 있게 하는 유일한 방법이다.

"그리스도께서 내 안에 계신다. 과거에는 내가 이런 경험을 너무나 적게 했지만 이제 하나님께 부르짖으면서 내 안에서 그분의 일하심이 온전해질 수 있도록 그분을 고대할 것이다. 심지어 일상생활을 영위하는 중에도 나는 하나님의 아들이 머물러 계시는 곳인 내 마음을 주목해서 살펴볼 것이다. 그리고 '내가 그리스도와 함께 십자가에 못 박혔나니 그런즉 이제는 내가 사는 것이 아니요 오직 내 안에 그리스도께서 사시는 것이라. 이제 내가 육체 가운데 사는 것은 나를 사랑하사 나를 위하여 자기 자신을 버리신 하나님의 아들을 믿는 믿음 안에서 사는 것이라' (갈 2:20)고 고백할 것이다."

오직 이와 같은 고백만이 "내 안에 거하라. 나도 너희 안에 거하리라. 가지가 포도나무에 붙어 있지 아니하면 스스로 열매를 맺을 수 없음같이 너희도 내 안에 있지 아니하면 그러하리라"(요 15:4)는 그리스도의 말씀을 일상적인 경험으로 바뀌게 할 것이다. 이 사실을 깨닫기 위하여 골방에 머무는 시간을 충분히 가지라.

그리스도는 만유시라

거기에는 헬라인이나 유대인이나 할례파나 무할례나 야만인이나 스구디아인이나 종이나 자유인이 차별이 있을 수 없나니 오직 그리스도는 만유시요 만유 안에 계시니라. 골로새서 3:11.

하나님의 영원한 권고 안에서, 십자가 위에서 이루어진 구속을 통하여 온 땅과 하늘을 다스리는 보좌에 앉으신 왕으로서 "오직 그리스도는 만유시다." 죄인들을 구원하는 과정에서, 죄인들의 칭의와 성화 과정에서, 그리스도의 몸을 세워가는 과정에서, 각 개인과 심지어 가장 악독한 죄인들을 돌보는 과정에서조차도 "오직 그리스도는 만유시다." 날마다 매 순간 하나님의 자녀는 "오직 그리스도는 만유시다"는 사실을 믿음으로 받아들일 때라야 온전한 평안을 얻고 강해질 수 있다.

아마도 당신은 이 단락을 읽으면서도 여기서 묘사하고 있는 온전한 구원이 당신에게 해당하지 않는다고 생각할지도 모른다. 스스로 너무 부족하고 무가치하며 신뢰할 만하지 못하다고 느끼고 있을지도 모른다. 만약 당신이 오직 어린아이 같은 믿음으로 예수 그리스도를 받아들이기만 한다면 당신의 모든 필요를 공급해 주시는 훌륭한 대장과 인도자를 만나게 될 것이다. "나의 하나님이 그리스도 예수 안에서 영광 가운데 그 풍성한 대로 너희 모든 쓸 것을 채우시리라"(빌 4:19). 그러므로 "볼지어다! 내가 세상 끝날까지 너희와 항상 함께 있으리라!"는 우리 구세주의 말씀을 전심으로 믿어라. 그러면 날마다 그분의 임재를 경험하게 될 것이다.

아무리 느낌이 냉랭하고 덤덤할지라도, 아무리 죄악으로 가득한 사람일지라도 은밀한 중에 예수 그리스도를 만나라. 그러면 주님께서 당신에게 그분 자신을 계시하실 것이다. 그분께 당신이 얼마나 곤고한 사람인지 고백하라. 그런 다음에는 당신을 도와주고 지지해

주시는 그분을 신뢰하라. 당신이 믿음 안에서 그분을 즐거워할 수 있을 때까지 그분 앞에서 기다려라.

이 책을 거듭 되풀이하여 읽으면서 "오직 그리스도는 만유시다"는 말씀을 곰곰이 생각해 보라. 이와 같은 사실을 자주 잊어버릴지도 모르지만 날마다 은밀한 기도로 나아가면서 "오직 그리스도는 만유시다"는 생각이 당신과 함께 머물러 있도록 하라. 이것을 당신의 구호로 삼아 기도하는 법을 가르쳐 주고 믿음을 강화시켜 주며, 그분의 사랑을 확신시켜 주고 하나님 아버지께로 나아가게 하고, 삶을 담대히 감당하도록 도와줄 것이다.

"오직 그리스도는 만유시다." 그렇다. 그리스도, 곧 당신의 그리스도께서 당신에게 필요한 전부시다. 이것이 그분의 사랑 안에 머물러 있도록 당신에게 가르쳐줄 것이다. 그것은 그분께서 당신 마음속에 머물러 있다는 확신을 당신에게 심어줄 것이며, 그러면 당신은 "능히 모든 성도와 함께 지식에 넘치는 그리스도의 사랑을 알고 그 너비와 길이와 높이와 깊이가 어떠함을 깨달아 하나님의 모든 충만하신 것으로 너희에게 충만하게"(엡 3:18-19) 될 것이다. 영원무궁토록 찬양받으실 분은 하나님이시다! 그리스도, 곧 당신의 그리스도는 만유의 주님이시다!

하나님의 능력으로 강해지라

끝으로 너희가 주 안에서와 그 힘의 능력으로 강건하여지고 마귀의 간계를 능히 대적하기 위하여 하나님의 전신 갑주를 입으라. 우리의 씨름은 혈과 육을 상대하는 것이 아니요. 통치자들과 권세들과 이 어둠의 세상 주관자들과 하늘에 있는 악의 영들을 상대함이라. 에베소서 6:10-12.

점차 막바지에 다다르면서 바울은 다음과 같은 말로 서신의 마지막 부분을 시작하였다. "끝으로 너희가 주 안에서와 그 힘의 능력으로 강건하여지고"(엡 6:10). 그리스도인에게는 힘이 필요하다. 우리는 모두 이 사실을 잘 알고 있다. 또한 우리는 그리스도인 자신에게는 아무런 힘이 없다는 사실도 잘 알고 있다. 그렇다면 도대체 어디서 그 힘을 얻을 수 있단 말인가? 이 대답에 한번 주목해 보라. "주님 안에서 강건해지고 그분에게 받은 강한 능력 안에서 강건해지라."

사도 바울은 이 서신의 초반부에서 그 능력에 관하여 언급했다. 바울은 하나님께서 성령을 주사 에베소 교인들이 다음과 같은 사실을 알도록 기도했다. "그의 힘의 위력으로 역사하심을 따라 믿는 우리에게 베푸신 능력의 지극히 크심이 어떠한 것을 너희로 알게 하시기를 구하노라. 그의 능력이 그리스도 안에서 역사하사 죽은 자들 가운데서 다시 살리시고 하늘에서 자기의 오른편에 앉히사 모든 통치와 권세와 능력과 주권과 이 세상뿐 아니라 오는 세상에 일컫는 모든 이름 위에 뛰어나게 하시고 또 만물을 그의 발아래에 복종하게 하시고 그를 만물 위에 교회의 머리로 삼으셨느니라"(엡 1:19-22).

이것은 문자 그대로 진리이다. "우리에게 베푸신 능력의 지극히 크심"은 죽은 자들 가운데서 그리스도를 다시 살리셨으며, 나와 당신을 포함하여 모든 믿는 자 안에서 지금도 한결같이 역사하고 계신다. 그럼에도 우리는 그 능력을 거의 믿을 수 없으며, 심지어 거의 경험하지도 못하고 있다. 이것이 바로 바울이 기도할 수밖에 없었던 이유이며 우리 역시 바울과 함께 기도해야 하는 이유이다. 곧 성령을 통하여 하나님께서 그분의 전능하신 능력을 믿도록 우리에게 가르쳐달라고 말이다. 온 마음을 다하여 이렇게 기도하라. "하나님 아버지, 저에게 지혜의 영을 허락하사 내 삶에서 이와 같은 능력을 체험하게 하소서."

에베소서 3장에서 바울은 "그의 영광의 풍성함을 따라 그의 성령으로 말미암아 너희 속사람을 능력으로 강건하게 하시오며 믿음으로 말미암아 그리스도께서 너희 마음에 계시게 하시옵고"(16-17절)라고 에베소 교인들을 위하여 하나님께 간구했다. 그런 다음에는 이렇게 덧붙였다. "하나님의 모든 충만하신 것으로 너희에게 충만하게 하시기를 구하노라. 우리 가운데서 역사하시는 능력대로 우리가 구하거나 생각하는 모든 것에 더 넘치도록"(19-20절) 해달라고 말이다.

이 두 단락을 자꾸 되풀이하여 읽으라. 그런 다음에는 하나님의 성령께서 당신의 눈을 밝혀주시기를 기도하라. 당신 안에서 역사하시는 신성한 능력을 믿어라. 성령께서 당신에게 그것을 계시하시도록 기도하라. 그리고 하나님께서 당신에게 필요한 모든 것을 공급하실 뿐만 아니라 당신의 마음속에 그분의 능력을 나타내시겠다는 약속을 단단히 붙잡아라. 만약 당신 안에서 하나님의 능력을 체험하고 싶다면 반드시 하나님 아버지와 더불어 아들 예수 그리스도와 함께 많은 시간을 보내야 한다는 사실도 잊지 말라.

온 마음을 다하여

내가 전심으로 주를 찾았사오니 주의 계명에서 떠나지 말게 하소서. 시편 119:10.

시편 119편에서 시편 기자가 온 마음을 다하는 전심에 대하여 얼마나 자주 언급하고 있는지 한번 주목해 보라. "여호와의 증거들을 지키고 전심으로 여호와를 구하는 자는 복이 있도다"(2절). "나로 하여금 깨닫게 하여주소서. 내가 주의 법을 준행하며 전심으로 지키리이다"(34절). "교만한 자들이 거짓을 지어 나를 치려 하였사오나 나는 전심으로 주의 법도들을 지키리이다"(69절). "여호와여 내가 전심으로 부르짖었사오니 내게 응답하소서. 내가 주의 교훈들을 지키리이다"(145절). 하나님을 찾으면서, 주의 법을 지키는 데서, 주님의 도움을 구하려고 부르짖으면서 시편 기자는 매번 온 마음을 다하여 전심으로 임했다.

세상의 어떤 일에서 나름대로 성공을 거두고 싶을 때 우리는 거기에 전심전력을 다 쏟아붓는다. 그렇다면 거룩하신 하나님을 섬기는 일에는 이보다 훨씬 더 많은 정성을 기울여야 하지 않겠는가? 하나님이 그럴 만한 가치가 없는 분이란 말인가? 그것이 아니다. 하나님의 위대한 거룩하심과 하나님께서 우리 마음속에 심어주시는 자연스러운 은혜가 하나님께 더 많은 정성을 기울이라고 요구한다. 그러므로 우리는 은밀하게 하나님을 예배하면서 하나님을 섬기는 데 반드시 온 마음을 다해야 한다.

그런데 그리스도인 대다수는 이에 관하여 얼마나 적게 생각하는지 모른다. 그 사람들은 기도하는 중에 하나님의 말씀을 읽으면서, 하나님의 뜻을 준행하려고 애쓰면서 "내가 전심으로 주를 찾았사오니"라고 계속 고백하는 것이 얼마나 필요한지 제대로 기억하지 못한다. 그렇다. 우리는 기도할 때, 하나님의 말씀을 이해하려고 애쓸 때, 그분의 명령을 순종하려고 노력할 때 "내가 전심으로 하나님을 찾고 전심으로 하나님을 섬기며 전심으로 하나님을 기쁘게 하기를 원하나이다"라고 고백해야 한다.

또한 사랑하는 독자여, 이 말씀을 마음에 새겨두라. "내가 전심으로 주를 찾았사오니." 거듭해서 이 말씀을 생각하라. 이 말씀으로 기도하라. "제가 고백한 것은 정말 진심이에요. 하나님께서 제 기도를 듣고 계신다고 확신해요"라고 느낄 때까지 하나님 앞에서 그 말씀을 큰 소리로 외치라. 기도하면서 하나님 앞으로 가까이 나아갈 때마다 이렇게 고백하라. "내가 전심으로 주를 찾았사오니." 머지않아 당신은 거룩한 고요 속에서 하나님을 기대할 필요성을 절감하게 될 것이다. 그러면 하나님께서 당신의 온 마음을 소유하게 될 것이며, 당신은 온 마음과 온 힘을 다하여 하나님을 사랑하는 법을 배우게 될 것이다.

세상을 사랑하지 말라

이 세상이나 세상에 있는 것들을 사랑하지 말라. 누구든지 세상을 사랑하면 아버지의 사랑이 그 안에 있지 아니하니 이는 세상에 있는 모든 것이 육신의 정욕과 안목의 정욕과 이생의 자랑이니 다 아버지께로부터 온 것이 아니요. 세상으로부터 온 것이라. 이 세상도, 그 정욕도 지나가되 오직 하나님의 뜻을 행하는 자는 영원히 거하느니라. 요한일서 2:15-17.

요한은 '세상'이라는 말이 의미하는 바를 명확하게 우리에게 가르쳐준다. 요한은 "이는 세상에 있는 모든 것이 육신의 정욕과 안목의 정욕과 이생의 자랑이니 다 아버지께로부터 온 것이 아니요. 세상으로부터 온 것이라"(요일 2:16)고 선포하였다.

여기서 세상이란 인간이 죄를 지음으로 말미암아 빠져들게 되는 경향이나 권세이다. 그리고 이 세상에 속한 신은 사람을 속이기 위하여 하나님께서 창조하신 형상 뒤로 자기 자신을 숨긴다. 온갖 쾌락으로 가득한 세상은 각종 유혹거리로 날마다 그리스도인을 에워싸고 있다.

에덴동산의 하와 역시 마찬가지 상황에 부닥쳐 있었다. 창세기 3장 6절에서 우리는 요한이 언급한 세 가지 특징을 발견하게 된다. 첫째, 육신의 정욕이다. "여자가 그 나무를 본즉 먹음직도 하고." 둘째는 안목의 정욕이다. "보암직도 하고." 셋째는 이생의 자랑이다. "지혜롭게 할 만큼 탐스럽기도 한 나무인지라." 온 세상은 지금도 여전히 주로 육신적인 욕망을 기쁘게 하는 먹음직한 음식을 제공하려고 우리에게 다가온다. 세상은 부와 미와 사치를 포함하여 우리 눈에 보암직한 것을 엄청나게 많이 제공한다. 또한 어떤 사람이 모든 것을 알고 이해한다고 생각하면서 그에 관해 우쭐하게 될 때 세상은 이생의 자랑을 우리에게 제공한다.

이 세상에서 살아가는 인생에도 역시 우리 육신을 유혹하는 온갖 위험이 가득하지 않은가? 너무나 많은 것이 우리 눈과 마음을 차지하려고 애쓰면서, 너무나 많은 세상의 지혜와 지식이 넘쳐나고 있지 않은가?

그래서 사도 요한은 "이 세상이나 세상에 있는 것들을 사랑하지 말라. 누구든지 세상을 사랑하면 아버지의 사랑이 그 안에 있지 아니하니"(요일 2:15)라고 우리에게 경고하였다. 우리 주님은 마치 제자들을 부르셨던 것처럼 모든 것을 내려놓고 자신을 따르라고 우리를 부르고 계신다.

그리스도인이여, 당신은 위험한 세상에 살고 있다. 예수 그리스도께 단단히 붙어 있으라. 주님께서 세상과 온갖 유혹을 피하라고 말씀하시는 가르침을 순순히 받아들일 때 당신의 사랑은 충성스러운 마음으로 그분을 섬기면서 나아가게 될 것이다. 그러나 이를 위해서는 날마다 예수님과 교제를 나누어야 한다는 사실을 기억하길 바란다. 오직 예수님의 사랑만이 세상을 향한 그릇된 사랑을 물리칠 수 있다. 우리 주님과 홀로 만나는 시간을 가지라.

절대적인 순종의 삶

너희는 내 목소리를 순종하고 나의 모든 명령을 따라 행하라. 그리하면 너희는 내 백성이 되겠고 나는 너희의 하나님이 되리라. 예레미야 11:4.

하나님께서 율법을 주시면서 이스라엘에게 이처럼 명령하셨다. 그러나 이스라엘은 이 법을 지킬 만한 능력이 없었다. 그래서 하나님은 이스라엘에 새로운 언약을 주셔서 하나님의 백성이 순종의 삶을 살 수 있도록 하셨다. "내가 나의 법을 그들의 속에 두며 그들의 마음에 기록하여 나는 그들의 하나님이 되고 그들은 내 백성이 될 것이라"(렘 31:33). "내가 그들에게 복을 주기 위하여 그들을 떠나지 아니하리라 하는 영원한 언약을 그들에게 세우고 나를 경외함을 그들의 마음에 두어 나를 떠나지 않게 하고"(렘 32:40). "또 내 영을 너희 속에 두어 너희로 내 율례를 행하게 하리니 너희가 내 규례를 지켜 행할지라"(겔 36:27). 이처럼 놀라운 약속들은 이스라엘에 오히려 순종하는 삶이야말로 넘치는 기쁨으로 가득하리라는 확신을 불어넣어 주었다.

예수 그리스도는 순종에 대하여 어떻게 말씀하시는지 한번 살펴보라. "나의 계명을 지키는 자라야 나를 사랑하는 자니 나를 사랑하는 자는 내 아버지께 사랑을 받을 것이요. 나도 그를 사랑하여 그에게 나를 나타내리라"(요 14:21). "사람이 나를 사랑하면 내 말을 지키리니 내 아버지께서 그를 사랑하실 것이요. 우리가 그에게 가서 거처를 그와 함께하리라"(요 14:23). "내가 아버지의 계명을 지켜 그의 사랑 안에 거하는 것같이 너희도 내 계명을 지키면 내 사랑 안에 거하리라"(요 15:10). 이러한 말씀은 그지없는 천국의 보고(寶庫)나 마찬가지다. 믿음을 통하여 그리스도를 굳게 신뢰함으로써 우리는 사랑과 순종의 삶을 살 수 있게 된다.

어떤 아버지도 순종하지 않는 자녀라면 제대로 양육할 수 없다. 어떤 선생님도 계속해서 불순종하는 아이를 올바로 가르칠 수 없다. 어떤 장군도 즉각적으로 순종하지 않는 병사들을 데리고 승리로 이끌 수는 없는 노릇이다. 하나님께서 이 교훈을 당신 마음에 또렷이 새겨주시도록 기도하라. 곧 믿음생활이란 순종의 삶이라는 것 말이다. 그러므로 예수님이 하나님 아버지께 순종하는 삶을 사셨던 것처럼 우리 역시 하나님의 사랑 안에서 순종하는 삶을 살아야 한다.

그러나 너무나 많은 사람이 "나는 순종하는 삶을 살 수 없어요. 그건 불가능해요"라고 말한다. 그렇다. 당신에게는 불가능하지만 하나님에게 불가능이란 없다. 은혜의 하나님은 "내 영을 너희 속에 두어"(겔 36:27)라고 약속하셨다. 이 말씀을 붙잡고 기도하면서 묵상해 보라. 그러면 성령께서 우리 눈을 밝혀주셔서 하나님의 뜻을 행할 만한 능력을 부어주실 것이다. 하나님 아버지를 비롯하여 예수 그리스도와 함께 나누는 교제로 바로 이 목표에 도달하도록 인도해 주실 것이다. 곧 평온하고 결단력 있는 절대적인 순종의 삶에 도달하도록 말이다.

자기 죄를 고백하라

만일 우리가 우리 죄를 자백하면 그는 미쁘시고 의로우사 우리 죄를 사하시며 우리를 모든 불의에서 깨끗하게 하실 것이요. 요한일서 1:9.

아주 흔히 죄 고백은 너무나 피상적이며 그마저도 자주 무시되

거나 잊어버리게 된다. 그 문제에 관하여 진지해지는 것이 얼마나 절실한지 깨닫는 그리스도인은 별로 없다. 어떤 사람은 죄의 고백이 죄를 이기는 승리의 삶을 살 수 있는 능력을 부어준다는 사실을 전혀 깨닫지 못하고 있다. 그러나 우리는 예수 그리스도와 날마다 교제를 나누면서 진실한 마음으로 모든 죄를 남김없이 고백하여 어떤 장애물도 우리 그리스도인의 삶을 가로막지 않도록 해야 한다.

다윗이 여기서 한 말을 찬찬히 읽어보라. "내가 이르기를 내 허물을 여호와께 자복하리라 하고 주께 내 죄를 아뢰고 내 죄악을 숨기지 아니하였더니 곧 주께서 내 죄악을 사하셨나이다. 주는 나의 은신처이오니 환난에서 나를 보호하시고 구원의 노래로 나를 두르시리이다"(시 32:5,7). 그럼에도 다윗은 기꺼이 자기 죄를 고백하고 싶지 않았을 때에 대하여 이렇게 언급하고 있다. "내가 입을 열지 아니할 때에 종일 신음하므로 내 뼈가 쇠하였도다. 주의 손이 주야로 나를 누르시오니 내 진액이 빠져서 여름 가뭄에 마름같이 되었나이다"(시 32:3-4). 그러나 결국 다윗이 자기 죄를 고백하자 다윗에게는 놀라운 변화가 일어났다.

고백은 부끄러워하면서 자기 죄를 솔직히 아뢴다는 의미뿐만 아니라 하나님께서 그 죄악을 지워 없애신다고 믿으면서 담대히 내맡긴다는 뜻이다. 그러한 고백에는 그와 같은 죄악을 우리 스스로 없애는 것이 전혀 불가능하다는 의미가 내포되어 있다. 하지만 이러한 믿음의 행위를 통하여 하나님께서 당신을 구해주시리라고 기대한다는 뜻도 오롯이 담겨 있다. 또한 이러한 구원에는 자신의 죄가 완전히 용서되었음을 잘 알고 있다는 뜻이 담겨 있으며, 예수 그리스도께서 그 죄로부터 당신을 깨끗이 씻어주시고 죄악의 권세로부터 언제나 지켜주신다는 의미도 담겨 있다.

오, 그리스도인이여! 만약 당신이 예수님과 날마다 교제를 나누기 위하여 노력하는 중이라면 반드시 구원이 있다고 확신하면서 죄를 지을 때마다 곧바로 자백하는 것을 두려워하지 말라. 항상 예수님과 당신 사이에 서로 깊은 이해와 신뢰가 쌓이도록 하여 죄를 지을 때마다 곧바로 고백해서 용서받을 수 있도록 하라. 그러면 당신은 자기 백성을 죄에서 구원해 주시는 예수님을 주님으로 알 수 있게 될 것이다. "아들을 낳으리니 이름을 예수라 하라. 이는 그가 자기 백성을 그들의 죄에서 구원할 자이심이라 하니라"(마 1:21). 우리 주님이자 구세주께서 이미 모든 죄를 짊어지셨기 때문에 죄의 고백에는 엄청난 능력이 있다는 사실을 믿어라.

P·a·r·t·2
:
:

두려움 없는
믿음으로
살아가려면

하나님의 형상을 따라

하나님이 이르시되 우리의 형상을 따라 우리의 모양대로 우리가 사람을 만들고. 창세기 1:26.

여기서 우리는 하나님의 마음속에 자리 잡고 있던 인간에 대한 첫 번째 생각을 만나게 된다. 곧 여기에 등장하는 인간의 기원과 운명은 전적으로 신성한 것으로 나타난다. 하나님은 한 피조물을 만드는 엄청난 과업에 착수하셨는데 하나님 자신은 아니지만 그분의 신성한 영광을 따라 그분을 매우 쏙 빼닮은 피조물이었다. 그래서 인간은 전적으로 하나님을 의지하여 살아가면서 신성한 존재 안에 있는 거룩하고 복된 모든 것을 하나님으로부터 직접 끊임없이 공급받아야 했다. 하나님의 영광, 하나님의 거룩하심, 하나님의 사랑이 인간 안에 머물러 있어야 했으며, 그 모든 것이 인간을 통하여 빛을 발해야 했다.

그런데 죄가 끔찍한 방해 공작을 펼치면서 하나님의 형상을 망쳐놓았다. 하지만 그 약속은 여자의 씨앗이 살아가는 낙원에서 다시 허락되었으며 그 씨앗 안에서 신성한 목적이 성취될 것이었다. 곧 하나님의 아들, 그러니까 "하나님의 영광의 광채시요 그 본체의 형상이시라. 그의 능력의 말씀으로 만물을 붙드시며 죄를 정결하게 하는 일을 하시고 높은 곳에 계신 지극히 크신 이의 우편에 앉으"신 분께서 온 인류의 구속자가 되셔야 했다(히 1:3). 그리스도 안에서 하나님의 계획이 실행될 것이며 하나님의 형상이 인간의 모습으로 계시 될 예정이었다.

신약성경은 "하나님이 미리 아신 자들을 또한 그 아들의 형상을 본받게 하기 위하여 미리 정하"신 자들(롬 8:29), 그리고 "새 사람을 입었으니 이는 자기를 창조하신 이의 형상을 따라 지식에까지 새롭게 하심을 입은 자"(골 3:10)에 관하여 이야기하고 있다. 우리에게는 다음과 같은 약속이 허락되었다. "사랑하는 자들아 우리가 지금은 하나님의 자녀라. 장래에 어떻게 될지는 아직 나타나지 아니하였으나 그가 나타나시면 우리가 그와 같을 줄을 아는 것은 그의 참모습 그대로 볼 것이기 때문이니"(요일 3:2).

인간을 향한 하나님의 영원한 목적과 그것의 영속적인 실현 사이에는 여기 이 땅에서 살아가야 할 삶과 관련하여 놀라운 약속이 있다. "우리가 다 수건을 벗은 얼굴로 거울을 보는 것같이 주의 영광을 보매 그와 같은 형상으로 변화하여 영광에서 영광에 이르니 곧 주의 영으로 말미암음이니라"(고후 3:18). 그것은 영화롭게 되신 그리스도께 그분의 마땅한 자리를 내드리는 것이다. 그리고 일상에서 확실하고도 가능한 이 약속을 단단히 붙잡는 것이다. 성령께서 날마다 우리를 그와 같은 형상으로 바꿔주실 것이라는 확신 속에서, 그리스도 안에 있는 하나님의 형상이라는 영광에 계속해서 우리 마음을 맞추는 것이다.

사랑하는 독자여, 이 약속이 당신의 신앙생활에서 충분히 실현될 것이라고 확실하게 믿을 수 있을 때까지 하나님과 교제의 시간을 가지라. 자신의 형상으로 우리를 창조하신 전능하신 하나님은 이제 성령의 능력으로 말미암아 그리스도의 형상으로 당신을 변화시키려는 목적을 달성하기 위하여 오늘도 기다리고 계신다. "너희 안에 이 마음을 품으라. 곧 그리스도 예수의 마음이니"(빌 2:5). "내가 너희에게 행한 것같이 너희도 행하게 하려 하여 본을 보였노라"(요 13:15).

하나님 여호와를 사랑하라

너는 마음을 다하고 뜻을 다하고 힘을 다하여 네 하나님 여호와를 사랑하라. 신명기 6:5.

하나님은 아브라함에게 온 마음을 다하여 그분을 믿는다는 게 어떤 의미인지 가르쳐주셨다. 그러므로 아브라함은 "믿음이 없어 하나님의 약속을 의심하지 않고 믿음으로 견고하여져서 하나님께 영광을 돌리며 약속하신 그것을 또한 능히 이루실 줄을 확신하였다"(롬 4:20-21). 모세는 이스라엘 백성에게 무엇이 가장 크고 첫째 되는 계명인지를 가르쳐주었다. 온 마음을 다하여 하나님을 사랑하는 것이 바로 그 계명이다. 여기서 다른 모든 것이 자연스럽게 흘러나온다. 거기에는 하나님과 인간 사이의 관계에서 근본을 이루는 기초가 자리 잡고 있다. 사랑 많으신 창조주로서의 하나님과 그 사랑의 대상으로서 하나님의 형상으로 만들어진 인간 사이에 말이다. 절대 다른 방법이 있을 수는 없다.

인간은 단 한 가지 일에서 자신의 생명과 운명, 그리고 행복을 찾는다. 곧 온 마음과 힘을 다하여 하나님을 사랑하는 것이다. 모세는 "여호와께서 오직 네 조상들을 기뻐하시고 그들을 사랑하사"(신 10:15)라고 말했다. 그러한 하나님은 무한히 사랑받을 만한 가치가 있는 분이셨다. 그러므로 우리도 하나님을 향한 모든 신앙, 하나님을 믿는 모든 믿음, 하나님에 대한 순종 등에 있어서 단 한 가지 생각으로 영감을 받아야 한다. 곧 우리는 온 마음과 온 힘을 다하여 하나님을 사랑해야 한다는 생각 말이다. 하나님의 자녀가 감당해야 할 첫 번째 의무는 날마다 이 명령대로 사는 것이다.

그러나 이스라엘 백성은 이 계명에 순종하지 않았다. 항상 살피시고 인도해 주시는 하나님의 사랑을 전적으로 의지하지 못했다. 항상 동행하시며 은혜를 베푸시는 하나님의 축복을 헌신짝처럼 내던져 버렸다. 죄악으로 가득 찬 백성들에게 하나님께서 내리실 심판에 대하여 언급한 뒤에야 그들은 회개하였고, 모세는 다음과 같은 약속을 선포할 수 있었다. "네 하나님 여호와께서 네 마음과 네 자손의 마음에 할례를 베푸사 너로 마음을 다하며 뜻을 다하여 네 하나님 여호와를 사랑하게 하사 너로 생명을 얻게 하실 것이며"(신 30:6). 그리고 이 약속에 관하여 하나님은 "또 그 안에서 너희가 손으로 하지 아니한 할례를 받았으니 곧 육의 몸을 벗는 것이요 그리스도의 할례"(골 2:11)로 그렇게 하실 것이라고 말씀하셨다.

이 복된 약속은 새 언약의 첫 번째 암시였다. 예레미야는 성령으로 말미암아 백성의 마음에 새겨진 법을 예언하여 이스라엘 백성이 더는 하나님을 떠나지 않고 하나님의 길을 걸어가도록 하였다. "그러나 그날 후에 내가 이스라엘 집과 맺을 언약은 이러하니 곧 내가 나의 법을 그들의 속에 두며 그들의 마음에 기록하여 나는 그들의 하나님이 되고 그들은 내 백성이 될 것이라. 여호와의 말씀이니라"(렘 31:33). 그러나 얼마나 많은 그리스도인이 이것을 제대로 이해하지 못하고 있단 말인가! 그것은 불가능하다는 생각에 얼마나 쉽게 안주하고 있단 말인가!

다음과 같은 이중적인 교훈을 배우라. 온 힘을 다하여 하나님을 사랑하는 온전한 마음은 하나님께서 요구하시는 것이며, 하나님께서 지극히 가치 있게 여기는 것이고, 하나님께서 그분 자신을 내주시면서 당신 안에서 일하시도록 하는 이유이자 동기라는 교훈 말이다. 그러므로 온 영혼이 믿음으로 나아가 약속의 성취를 기다리고 경험하라. 온 마음을 다하여 하나님을 사랑하라. "소망이 우리를 부끄럽게 하지 아니함은 우리에게 주신 성령으로 말미암아 하나님의 사랑이 우리 마음에 부은 바 됨이니"(롬 5:5). 이것이 온 마음을 다하여 하나님을 사랑하는 은혜를 가장 확실하고 복되게 만든다.

즐거운 소리로 기뻐하라

즐겁게 소리칠 줄 아는 백성은 복이 있나니 여호와여 그들이 주의 얼굴 빛 안에서 다니리로다. 그들은 종일 주의 이름 때문에 기뻐하며 주의 공의로 말미암아 높아지오니. 시편 89:15-16.

"큰 기쁨의 좋은 소식"(눅 2:10)은 시편 89편에서 "즐거운 소리" (시편 33:3, 42:4, 47:1, 51:8, 66:1, 118:15 참조)라고 했던 것으로 천사가 '복음의 메시지'라고 부른 것이다. 그러한 복은 하나님의 빛 가운데 걸어가면서 그분의 이름 안에서 '종일토록' 기뻐하는 하나님의 백성으로 말미암아 이루어진다. 전혀 요동하지 않는 교제와 결코 다함 없는 기쁨이야말로 그리스도인의 몫이다. 구약시대에도 이따금 그러한 것들이 신자들의 경험으로 자리 잡게 되었다. 그러나 거기에는 지속성이 없었다. 오히려 구약시대에는 그런 경험을 확실하게 붙잡을 수 없었다. 단지 신약시대에서만 그런 경험을 안전하게 확보할 수 있었으며, 실제로 그렇게 살아갈 수 있었다.

질서가 잘 잡힌 정돈된 모든 가정에서 우리는 아버지가 자녀 때문에 기뻐하고, 자녀는 아버지의 존재로 말미암아 기뻐하는 모습을 발견하게 된다. 이 땅에서 경험하는 행복한 가정의 이와 같은 표지는 하늘에 계신 아버지께서 약속하신 것이며 하나님은 그분의 자녀 가운데서 일하시기를 기뻐하신다. 이 자녀는 하나님의 얼굴빛 안에서 다니면서 하나님의 이름 때문에 온종일 기뻐하게 된다. 그것은 이미 약속된 것이다. 그것은 하나님의 사랑으로 우리 마음을 가득 채워주시는 성령을 통하여 그리스도 안에서 이미 가능해진 것이다. 그것은 온 마음과 온 힘을 다하여 실제로 하나님을 사랑하기 위하여 애쓰는 모든 사람의 기업이다.

그러나 얼마나 많은 하나님의 자녀가 그것을 불가능하다고 생각하면서 온종일 하나님의 임재 안에서 즐거워하는 소망과 바람을 포기해 왔던가! 그러나 우리 주 예수님은 너무나 명확하게 그것을 약속해 주셨다. "내가 이것을 너희에게 이름은 내 기쁨이 너희 안에 있어 너희 기쁨을 충만하게 하려 함이라"(요 15:11). "지금은 너희가 근심하나 내가 다시 너희를 보리니 너희 마음이 기쁠 것이요 너희 기쁨을 빼앗을 자가 없으리라"(요 16:22).

하나님은 그분의 자녀가 그분에 대해 완벽한 확신과 사랑을 가질 수 있기를 바라신다. 하나님 아버지는 자녀의 행복과 권능을 위하여 자녀가 살아가는 매 순간 그분의 임재가 절실히 필요하다는 사실을 잘 알고 계신다. 그리고 예수님은 성령의 능력을 통하여 우리 안에서 이와 같은 삶을 지속하게 해주신다. 그러므로 우리는 이와 같은 즐거운 소리를 알고 있는 사람에게 허락되는 복 이외에는 다른 어떤 것에도 만족하지 않도록 주의해야 한다. "여호와여 그들이 주의 얼굴 빛 안에서 다니리로다. 그들은 종일 주의 이름 때문에 기뻐하며 주의 공의로 말미암아 높아지오니 주는 그들의 힘의 영광이심이라. 우리의 뿔이 주의 은총으로 높아지오리니"(시 89:15-17).

이처럼 우리를 향한 하나님의 뜻 안으로 점점 더 깊이 들어가려고 노력할수록 우리는 종일 주의 이름 때문에 기뻐하는 것 외에는 다른 어떤 것에도 만족할 수 없다는 믿음이 우리 안에서 점점 더 강해지는 것을 느끼게 된다. 우리는 하나님 아버지께서 우리에게 진심을 담아 말씀하신 것이 그리스도와 성령을 통하여 우리 안에서 충분히 이루어질 것이라고 얼마든지 확신할 수 있게 된다.

우리 생각보다 높은 하나님의 생각

이는 하늘이 땅보다 높음같이 내 길은 너희의 길보다 높으며 내 생각은 너희의 생각보다 높음이니라. 이사야 55:9.

하나님께서는 우리 안에서 행하실 일에 대해 약속하시면서 다음과 같은 사실을 우리에게 상기시켜 주신다. 하늘이 땅보다 높음같이 하나님의 생각은 우리 생각보다 높으며, 이 모든 것은 우리의 영적인 이해력을 훨씬 뛰어넘는다고 말이다.

하나님께서 우리가 그분의 형상으로 지음 받았다고 말씀하셨을 때, 은혜로 말미암아 우리가 사실상 그 형상으로 다시 새로워졌다고 말씀하셨을 때, 그리스도 안에서 하나님의 영광을 바라보면서 우리가 주님의 성령으로 말미암아 그와 같은 형상으로 변화되었다고 말씀하셨을 때 사실상 이와 같은 것들은 하늘보다 더 높은 생각이었다. 하나님께서 아브라함과 그 후손들에게, 그리고 아브라함을 통하여 이 땅의 모든 족속에게 행하실 온갖 강력한 일에 대해 말씀하셨을 때 다시 한번 이것은 하늘보다 더 높은 생각이었다.

우리 인간의 생각을 여기에 끼워 넣을 수는 없다. 하나님께서 온 마음을 다하여 그분을 사랑하라고 부르셔서 우리 마음을 새롭게 하겠다고 약속하심으로써 우리가 온 힘을 다하여 그분을 사랑하도록 하셨을 때 여기에는 다시 한번 그 높은 천국보다 더 높은 생각이 자리 잡고 있었다. 그리고 하나님 아버지께서 우리를 부르셔서 주의 얼굴빛 안에서 다니면서 온종일 주의 이름 안에서 즐거워하는 삶을 살도록 하셨을 때 이것은 사랑이신 하나님의 심장 깊숙한 곳에서 나오는 선물이었다.

이러한 생각을 편안하게 느낄 수 있도록 우리 마음에 생명과 빛을 불어넣으시는 성령으로 말미암아 우리가 하나님을 기다리고 있는 동안 우리는 깊은 존경심, 겸손, 그리고 인내심을 가져야 한다. 만약 하나님의 마음속으로 들어가려고 하면서 그분의 생각이 우리 안에 거처로 삼도록 하려면 우리는 하나님과 날마다 부드럽고 지속적인 교제를 나눌 필요가 있다. 그럴 때 하나님은 이러한 생각의 아름다움과 영광을 계시하실 것이다. 그뿐만 아니라 우리 안에서 너무나 강력하게 역사하셔서 그러한 생각의 신성한 실재와 축복으로 우리 내면을 가득 채우실 것이다.

사도 바울이 인용하는 것처럼 이사야가 한 말을 다시 한번 생각해 보라. "하나님이 자기를 사랑하는 자들을 위하여 예비하신 모든 것은 눈으로 보지 못하고 귀로 듣지 못하고 사람의 마음으로 생각하지도 못하였다 함과 같으니라. 오직 하나님이 성령으로 이것을 우리에게 보이셨으니 성령은 모든 것 곧 하나님의 깊은 것까지도 통달하시느니라"(고전 2:9-10).

성령께서 제자들과 함께 거하시기 위하여 하늘에서 임하실 것이라고 그리스도께서 제자들에게 약속하셨을 때 그리스도는 성령께서 하늘 세계의 빛과 생명으로 우리를 충만하게 하실 것이라고 말씀하셨다. 이와 마찬가지로 온 땅보다 높은, 하늘보다 훨씬 더 높은 그리스도와 하나님의 목적은 제자들에게 영속적인 경험을 제공하였다. 그러므로 성령께서 날마다 온갖 천상의 권능과 영광 안에서 하나님의 생각으로 우리의 마음을 채워주실 것이라는 사실을 깨닫기 위하여 우리는 부단히 노력해야 한다.

예레미야 31장에 등장하는 새 언약

여호와의 말씀이니라. 보라. 날이 이르리니 내가 이스라엘 집과
유다 집에 새 언약을 맺으리라. …그러나 그날 후에 내가 이스라
엘 집과 맺을 언약은 이러하니 곧 내가 나의 법을 그들의 속에 두
며 그들의 마음에 기록하여 나는 그들의 하나님이 되고 그들은
내 백성이 될 것이라. 여호와의 말씀이니라. 예레미야 31:31,33.

여호와 하나님은 시내산에서 이스라엘 백성과 첫 번째 언약을
맺으시면서 이렇게 말씀하셨다. "세계가 다 내게 속하였나니 너희가
내 말을 잘 듣고 내 언약을 지키면 너희는 모든 민족 중에서 내 소유
가 되겠고 너희가 내게 대하여 제사장 나라가 되며 거룩한 백성이
되리라"(출 19:5-6). 그러나 불행히도 이스라엘에게는 여기에 순종
할 만한 힘이 없었다. 이스라엘 백성들의 전반적인 본성은 육신적이
고 죄악으로 가득하였다. 그래서 이스라엘 백성을 순종하게 만드는
은혜를 허락하시겠다는 언약에 대해서는 아무런 예비하심도 없었
다. 단지 시내산에서 허락하신 율법은 이스라엘 백성의 죄악을 극명
하게 보여주는 역할을 감당했을 뿐이다.

그런데 예레미야 31장에서 하나님은 이와 같은 예비하심을 통하

여 이스라엘 백성들이 순종의 삶을 살도록 도와주는 새 언약을 맺겠다고 약속하셨다. 이 새로운 언약에서 그 법은 사람들의 마음과 생각 속에 "오직 살아 계신 하나님의 영으로"(고후 3:3) 써넣어야 하는 것이었다. 그래서 이스라엘 백성은 다윗과 함께 "나의 하나님이여 내가 주의 뜻 행하기를 즐기오니 주의 법이 나의 심중에 있나이다"(시 40:8)라고 말할 수 있었다. 성령을 통하여 이 법과 그 안에서 즐거워하는 영혼들의 기쁨은 각 개인의 내적인 삶을 차지하게 될 것이다.

또한 예레미야 32장 40절 말씀처럼 하나님은 그 영혼들의 마음속에 그분을 향한 경외심을 심어주셔서 그분을 떠나지 않게 하실 것이다. "내가 그들에게 복을 주기 위하여 그들을 떠나지 아니하리라 하는 영원한 언약을 그들에게 세우고 나를 경외함을 그들의 마음에 두어 나를 떠나지 않게 하고." 거기에 신실하게 머물러 있을 수 없게 했었던 구약시대의 다른 언약과는 대조적으로 이 약속은 온 마음을 다하여 지속해서 순종하도록 이끈다. 그리고 이것이 바로 그분의 말씀을 통하여 하나님께로 나아가 그 약속에서 제시하는 것들을 충분히 요구할 수 있는 그리스도인의 표지가 되게 하셨다.

이 교훈을 잘 배워두라. 새 언약에서 하나님의 강한 능력은 이 약속을 믿는 모든 사람의 마음속에 확실히 나타나게 된다. 하나님 앞에 잠잠히 무릎 꿇고 엎드려 그분이 말씀하신 것을 믿어라. 우리가 그분을 떠나지 않도록 하겠다는 이와 같은 하나님의 능력은 항상 "너희 믿음대로 되라"(마 9:29)는 법과 조화를 이루게 될 것이다.

우리는 옛 언약과 새 언약 사이의 대조를 아주 명확하게 구별하기 위하여 커다란 노력을 기울여야 한다. 옛 언약에는 놀라울 정도의 언약이 포함되어 있었지만 그러한 순종의 믿음에 지속해서 남아 있기에는 충분하지 않았다. 그러나 우리 영혼을 인도하여 "하나님 우리 아버지 앞에서 거룩함에 흠이 없게"(살전 3:13) 하시는 은혜를 계시하시는 성령의 능력에 대해서는 신약성경에 매우 분명하게 약속되어 있다.

에스겔서에 등장하는 새 언약

맑은 물을 너희에게 뿌려서 너희로 정결하게 하되 곧 너희 모든 더러운 것에서와 모든 우상 숭배에서 너희를 정결하게 할 것이며 또 새 영을 너희 속에 두고 새 마음을 너희에게 주되 너희 육신에서 굳은 마음을 제거하고 부드러운 마음을 줄 것이며 또 내 영을 너희 속에 두어 너희로 내 율례를 행하게 하리니 너희가 내 규례를 지켜 행할지라. 에스겔 36:25-27.

여기서도 예레미야서에서와 같은 약속을 발견하게 된다. 곧 우리가 죄악에서 너무나 정결하게 되며, 마음이 너무나 새로워져 의심할 여지 없이 하나님의 율례를 행하고, 하나님의 규례를 지키게 되리라는 약속이다. 예레미야서에서 하나님은 이렇게 말씀하셨다. "내가 나의 법을 그들의 속에 두며 그들의 마음에 기록하여 나는 그들의 하나님이 되고 그들은 내 백성이 될 것이라"(렘 31:33). "내가 그들에게 복을 주기 위하여 그들을 떠나지 아니하리라 하는 영원한 언약을 그들에게 세우고 나를 경외함을 그들의 마음에 두어 나를 떠나지 않게 하고"(렘 32:40).

앞의 에스겔서에서 하나님은 이렇게 말씀하신다. "내 영을 너희 속에 두어 너희로 내 율례를 행하게 하리니 너희가 내 규례를 지켜 행할지라"(겔 36:27). 이스라엘 백성이 계속해서 하나님의 법을 지킬 수 있도록 도와줄 만한 능력이 없었던 옛 언약과는 대조적으로, 새 언약의 커다란 표지는 충분히 하나님의 율례를 행하며 하나님의 규례를 지키도록 할 수 있을 만큼 신성한 능력을 제공한다. 그렇게 함으로써 로마서 5장 20절 말씀처럼 온 마음을 다하는 충성과 순종이 일어나게 하려는 것이다. "율법이 들어온 것은 범죄를 더하게 하려 함이라. 그러나 죄가 더한 곳에 은혜가 더욱 넘쳤나니."

그런데 왜 우리는 이것을 경험하지 못하는 것인가? 그 대답은 아주 간단하다. 그 약속을 믿지 않고 전하지 않기 때문이다. 그 약속의 성취를 기대하지 않기 때문이다. 그러나 너무나 명확하게 그 약속이 로마서 8장 1~4절 말씀에서 다시 한번 우리에게 제시되어 있다. "그러므로 이제 그리스도 예수 안에 있는 자에게는 결코 정죄함이 없나니 이는 그리스도 예수 안에 있는 생명의 성령의 법이 죄와 사망의 법에서 너를 해방하였음이라. 율법이 육신으로 말미암아 연약하여 할 수 없는 그것을 하나님은 하시나니 곧 죄로 말미암아 자기 아들을 죄 있는 육신의 모양으로 보내어 육신에 죄를 정하사 육신을 따르지 않고 그 영을 따라 행하는 우리에게 율법의 요구가 이루어지게 하려 하심이니라."

이 단락에서 "지체 속에서 한 다른 법이 내 마음의 법과 싸워 내 지체 속에 있는 죄의 법으로 나를 사로잡는"(롬 7:23) 능력에 대해 불평했던 사람도 이제 그 자신이 그리스도 예수 안에(롬 8:1) 있게 되었으며, 그리스도 예수 안에 있는 생명의 성령의 법이 죄와 사망의 법에서 우리를 해방시켜 주었다(롬 8:2). 그러므로 성령을 따라 살아가는 모든 사람 안에서 그 법이 성취되었다는 사실 때문에 하나님께 감사하게 된다.

다시 한번 강조하지만, 그런데 왜 그와 같은 간증을 할 수 있는 사람이 그다지도 없단 말인가? 우리가 그런 간증을 하기 위해서는 도대체 무슨 일을 해야 한단 말인가? 거기에는 단 한 가지 조건이 필요하다. 곧 그분의 기이한 능력으로 그분이 약속하신 것들을 행하시는 전능하신 하나님을 믿는 믿음이다. "나 여호와가 말하였으니 내가 이루리라"(겔 22:14). 이 약속이 반드시 실현될 것이라고 믿으라. "너희 모든 더러운 것에서와 모든 우상 숭배에서 너희를 정결하게 할 것이며 또 새 영을 너희 속에 두고 새 마음을 너희에게 주되 …너희로 내 율례를 행하게 하리니 너희가 내 규례를 지켜 행할지라"(겔 36:25-27). 하나님께서 여기서 약속하신 모든 것을 믿어라.

그리하면 하나님은 반드시 그렇게 하실 것이다.

하나님은 온갖 인간적인 생각을 뛰어넘어 우리 믿음에 의지하여 그분의 크고 영광스러운 약속을 지켜오셨다. 그런데 이 약속은 우리가 믿는 믿음보다 훨씬 더 많은 일이 이루어지게 한다. "너희 믿음대로 되라"(마 9:29). 지금 당장 이 진리를 시험해 보라. 당신의 간증은 차고 넘칠 것이며 그 기쁨은 세상 그 무엇과도 바꿀 수 없는 살아 있는 기쁨이 될 것이다.

히브리서에 등장하는 새 언약

내가 그들의 불의를 긍휼히 여기고 그들의 죄를 다시 기억하지 아니하리라. 히브리서 8:12.

히브리서에서 그리스도는 "더 좋은 약속으로 세우신 더 좋은 언약의 중보자"(히 8:6)로 불린다. 그리스도 안에서 새 언약의 두 부분이 완전히 성취되었다는 사실을 발견하게 된다. 다른 무엇보다 먼저 그리스도께서 오셔서 죄를 구속하심으로 인간을 다스리던 죄악의 권세가 파괴되었으며, 하나님의 임재와 은총으로 자유롭게 나아갈 수 있는 권리를 확실히 보장받게 되었다. 그로 말미암아 더욱 충만한 축복이 우리에게 임하게 되었다. 곧 하나님의 법을 기뻐하는 마음과 거기에 순종하는 능력을 불어넣어 주는 하나님의 성령과 더불어 죄악의 권세에서 벗어난 새로운 마음을 되찾게 된 것이다.

이처럼 두 부분으로 이루어진 새 언약은 절대 서로 나누어질 수 없다. 그러나 불행하게도 많은 사람이 죄 용서에 대해서는 그리스도를 신뢰하지만, 하나님의 백성이 되어 그분을 자기 하나님으로 알게 된다는 충만한 약속을 성취해달라고 요구하려는 생각은 전혀 하지 못한다. 사람들은 성령과 더불어 죄악에서 정결하게 된 새로운 심령을 자신의 경험으로 삼도록 하나님께 기회를 내드리지 않는다. 성령께서 그 마음에 하나님의 법을 너무나 사랑하고 기뻐하며 거기에 순종할 수 있는 커다란 능력을 부어주셔서 사람들이 새로운 언약의 충만한 축복에 얼마든지 다가갈 수 있도록 도우시는데도 말이다.

그리스도는 "새 언약의 중보자시니"(히 9:15) 그리스도 안에서 보혈의 능력으로 죄 용서가 이루어진다. 그리스도 안에서 성령의 능력으로 그 법이 각 사람의 마음속에 새겨지게 된다. 그리고 죄에 대한 용서가 너무나 확실하게 보장되는 것과 그 약속의 완전한 성취도 충분히 기대할 수 있다는 사실을 이해할 수 있을 때라야 "내가 그들에게 복을 주기 위하여 그들을 떠나지 아니하리라 하는 영원한 언약을 그들에게 세우고 나를 경외함을 그들의 마음에 두어 나를 떠나지 않게 하고"(렘 32:40), "또 내 영을 너희 속에 두어 너희로 내 율례를 행하게 하리니 너희가 내 규례를 지켜 행할지라"(겔 36:27)는 말씀을 충분히 깨닫게 된다.

그러나 하나님은 "나는 여호와요 모든 육체의 하나님이라. 내게 할 수 없는 일이 있겠느냐"(렘 32:27)라고 말씀하셨다. 여기에는 새 언약과 관련하여, 새 언약을 위해서는 모든 것을 포기하면서 하나님께 전적으로 온 마음을 다하는 강력한 열망이 필요하다. 여기에는 우리의 선입견을 모두 내려놓고 오직 믿음으로 하나님의 강한 능력을 믿어야 한다는 의미가 내포되어 있다.

이것은 "새 언약의 중보자"(히 9:15)이신 예수 그리스도께 전적으로 순복하여 온 세상과 죄와 자아를 십자가에 못 박으신 주님을 우리 삶의 자리로 기꺼이 받아들인다는 뜻이다. 그것은 어떤 대가와 희생을 치르고서라도 기꺼이 주님을 받아들일 준비가 되어 있다는 뜻이다. 간단히 말하자면 새 언약은 우리 주님과 선생님으로서 그리스도를 단순하게 온 마음을 다하여 받아들인다는 뜻이다. 전적으로 그분의 마음과 생명을 받아들인다는 뜻이다. 하나님께서 그렇게 말씀하셨고 반드시 그렇게 하실 것이다. "네 손이 힘이 있겠느냐. 나 여호와가 말하였으니 내가 이루리라"(겔 22:14).

새 언약은 기도로 성취된다

너는 내게 부르짖으라. 내가 네게 응답하겠고 네가 알지 못하는 크고 은밀한 일을 네게 보이리라. 예레미야 33:3. 나 여호와가 말하였으니 이루리라. 주 여호와께서 이같이 말씀하셨느니라.

그래도 이스라엘 족속이 이같이 자기들에게 이루어주기를 내게 구하여야 할지라. 에스겔 36:36-37.

새 언약이라는 커다란 약속의 성취는 기도에 의존한다. 예레미야의 기도에 대한 응답으로 하나님은 이렇게 말씀하셨다. "내가 그들에게 복을 주기 위하여 그들을 떠나지 아니하리라 하는 영원한 언약을 그들에게 세우고 나를 경외함을 그들의 마음에 두어 나를 떠나지 않게 하고"(렘 32:40). 그리고 에스겔에게는 이렇게 말씀하셨다. "또 내 영을 너희 속에 두어 너희로 내 율례를 행하게 하리니 너희가 내 규례를 지켜 행할지라"(겔 36:27).

우리는 하나님의 말씀을 제대로 믿지도 못하면서 인간적인 생각과 경험에 따라 그 의미를 섣불리 판단하려 한다. 그래서 이러한 약속들이 실제로 성취된다는 사실에 대해 아무런 기대를 하지 못한다. 우리는 하나님께서 그러한 약속들이 문자 그대로 이루어진다는 뜻으로 말씀하셨다는 사실을 제대로 믿지 못한다. 우리 경험 속에서 그분의 약속을 실현하기 위하여 기다리고 계시는 하나님의 강하신 능력을 신뢰하는 믿음이 없기 때문이다.

그래서 하나님은 그러한 믿음이 없다면 우리 삶은 굉장히 불완전하고 제한적일 수밖에 없다고 말씀하셨다. 그럼에도 하나님은 은혜로우셔서 그러한 믿음을 발견하는 길을 제시해주셨다. 그것은 많은 기도를 통해서 발견하는 것이다. "너는 내게 부르짖으라. 내가 네게 응답하겠고 네가 알지 못하는 크고 은밀한 일을 네게 보이리라."

더욱이 "이스라엘 족속이 이같이 자기들에게 이루어주기를 내게 구하여야 할지라." 각 사람이 이러한 약속들을 이루어달라고 간구하기 위하여 온 마음을 다해 하나님께로 나아갈 때 하나님은 그 약속들을 성취해주실 것이다.

하나님을 단단히 붙잡기 위하여 믿음이 더 강해지고 하나님의 전능하신 일 하심에 스스로 순복하게 되는 것은 강력하고 끈덕진 기도훈련을 통해서다. 그런 훈련을 통해서 하나님께서 행하신 일과 행하실 일에 관하여 서로 증거할 수 있을 때 성도들은 서로 도와주면서 살아계신 하나님의 교회로서 제자리를 찾아가게 된다. 그런 가운데 상당히 많은 부분에서 하나님의 약속이 성취되도록 간구하면서 확실한 응답을 기대하게 된다. 그러면 멸망하는 영혼에게 그리스도를 전파하는 엄청난 일을 충분히 감당할 수 있는 능력이 우리에게 임하게 된다.

교회, 교인, 사역자들의 상태와 우리 자신이 처해 있는 마음 상태는 끊임없는 기도를 요청한다. 성령의 능력이 절실히 필요하다고 강하게 느낄 수 있도록, 그리고 하나님의 강력한 일 하심을 요청하기 위해 수많은 사람의 마음속에서 강력한 믿음이 일어날 수 있도록 우리는 강력하고 끈기 있게 쉬지 말고 기도해야 한다. "나 여호와가 말하였으니 내가 이루리라"(겔 22:14). "내가 믿나이다. 나의 믿음 없는 것을 도와주소서"(막 9:24).

평강의 하나님과 완전한 성화

평강의 하나님이 친히 너희를 온전히 거룩하게 하시고 또 너희의 온 영과 혼과 몸이 우리 주 예수 그리스도께서 강림하실 때에 흠 없게 보전되기를 원하노라. 너희를 부르시는 이는 미쁘시니 그가 또한 이루시리라. 데살로니가전서 5:23-24.

이 얼마나 놀라운 약속인가! 누구나 하나님의 모든 자녀가 여기에 매달리면서 이 약속의 성취를 바라는 모습을 보게 되리라고 기대할 것이다. 그러나 불행히도 불신앙은 이 약속을 도무지 어떻게 생각해야 할지를 알지 못하며, 아주 소수의 사람만이 그 약속에 담겨 있는 보화와 기쁨을 받아들이게 된다.

"평강의 하나님이." 오직 하나님께서 십자가의 보혈로 만든 평강, 모든 이해를 넘어서는 평강, 예수 그리스도 안에서 우리 마음과 생각을 지켜주는 평강만이 우리를 거룩하게 할 수 있고 거룩하게 할 것이다. 이와 같은 평강의 하나님께서 친히 우리를 성별하시겠다고, 그리스도 안에서 우리의 성화를, 성령의 성화를 통하여 "온전히 거룩하게 하시겠다고" 약속하신다. 그 일을 행하고 계신 분이 바로 하나님이시다. 우리가 거룩하게 되는 것은 하나님과의 친밀하고 개인적인 교제 안에서 가능하다.

우리는 모두 그와 같은 전망으로 말미암아 넘치는 기쁨으로 즐거워해야 하지 않겠는가? 그러나 이것이 우리 가운데 많은 사람에게는 너무나 커다란 약속인 것처럼 여겨져서 마냥 그런 식으로 되풀이되고 확대되기도 한다. 그러나 당신의 영(하나님과 교제를 나누도록 창조된 당신 존재의 가장 깊숙한 부분)과 혼(생명이 머무는 자리이자 그에 따른 모든 힘의 집결지)과 몸(이를 통하여 죄가 들어왔으며, 심지어 그 안에서 죄가 죽음에 대해서마저도 권세를 떨쳤지만, 결국에는 그리스도 안에서 구속된 영역)이 다 함께 예수 그리스도께서 강림하실 때에 아무런 흠 없이 보전되기를 기도한다.

그것이 너무 거대한 약속이라서 문자 그대로 이루어질 수 없다는 말처럼 어떤 오해의 소지를 막기 위해서는 그러한 말에 이번 단락의 본문 말씀을 덧붙여야 한다. "너희를 부르시는 이는 미쁘시니 그가 또한 이루시리라"(살전 5:24). 그렇다. 하나님은 "나 여호와가 말하였으니 (그리스도 안에서, 그리고 성령을 통하여) 이루리라"(겔 36:36)고 말씀하셨다. 이처럼 하나님은 날마다 그분과 친밀한 교제 가운데로 나아와 머물러 있기만 하라고 요청하고 계신다. 햇볕이 우리 몸을 비춰서 따뜻하게 해주는 것처럼 하나님의 거룩한 불이 우리 안에서 타올라 우리를 거룩하게 만들 것이다.

하나님의 자녀여, 불신앙을 깨우치라. 불신앙은 하나님을 불명예스럽게 만들며 당신의 영혼에서 훌륭한 유산을 빼앗아간다. 그러니 이 말씀을 피난처로 삼아라. "너희를 부르시는 이는 미쁘시니 그가 또한 이루시리라"(살전 5:24). 당신의 고귀하고 거룩한 부르심에 대한 생각이 다음과 같은 반응을 이끌어내도록 하라. "너희를 부르시는 이는 미쁘시니 그가 또한 이루시리라." 그렇다. 하나님께서 이루실 것이다. 하나님은 그분과 가까이 머물러 있도록 당신에게 은혜를 주셔서 오직 하나님만이 줄 수 있는 완전한 평강과 거룩함이라는 보호막 아래 항상 머물러 있도록 하실 것이다. "예수께서 이르시되 할 수 있거든이 무슨 말이냐. 믿는 자에게는 능히 하지 못할 일이 없느니라"(막 9:23).

모든 은혜가 충만하신 하나님

모든 은혜의 하나님 곧 그리스도 안에서 너희를 부르사 자기의 영원한 영광에 들어가게 하신 이가 잠깐 고난을 당한 너희를 친히 온전하게 하시며 굳건하게 하시며 강하게 하시며 터를 견고하게 하시리라. 베드로전서 5:10.

히브리서는 "평강의 하나님이 모든 선한 일에 너희를 온전하게 하사"(히 13:20-21)라는 놀라운 약속 안에 있는 모든 가르침을 일일이 모아놓고 있다. 베드로도 여기서 그와 같은 일을 하였다. "모든 은혜의 하나님이… 친히 온전하게 하시며 굳건하게 하시며 강하게 하시며 터를 견고하게 하시리라." 하나님만이 날마다 우리 신뢰의 유일한 대상이 되셔야 한다. 우리가 자기 일, 필요, 삶, 그리고 마음의 모든 소원을 생각할 때마다 하나님께서 우리 소망과 신뢰의 유일한 대상이 되어야 한다.

하나님께서 온 우주의 중심이자 온 우주가 힘을 발휘하는 유일한 원천이며, 온 우주의 움직임을 명령하고 다스리는 유일한 안내자이신 것과 마찬가지로, 또한 그분은 모든 그리스도인의 삶 속에서도 그와 같은 위치를 차지해야 한다. 새로운 날을 맞이할 때마다 "오직 하나님 한 분만이 내 삶 가운데서 살아가기를 원하시는 대로 오늘 하루를 살아가도록 도와주실 수 있다"는 생각이 가장 먼저, 가장 중요하게 떠올라야 한다.

그렇다면 이와 같은 하나님에 대하여 우리는 과연 어떤 태도를 보여야 하는가? 우리가 날마다 가장 먼저 품는 생각이 자신을 겸손히 그분의 손에 내드리고, 우리의 절대적인 무력함을 솔직히 고백하면서 하나님께서 그분의 약속을 성취하도록 순종함으로 자신을 내드리는 것이어야 하지 않겠는가? "평강의 하나님이 모든 선한 일에 너희를 온전하게 하사"(히 13:20-21)라는 것과 "모든 은혜의 하나님이… 친히 온전하게 하시며 굳건하게 하시며 강하게 하시며 터를 견고하게 하시리라"는 것과 같은 약속에 말이다.

우리가 아침마다 하나님을 만나서 그분 자신을 계시하실 시간을 내드려 하루 동안 우리 삶을 완전히 책임지도록 하는 일이 얼마나 절대적으로 필요한 일인지 모른다! 이처럼 베드로의 놀라운 권면에 따라 우리는 마땅히 그와 같은 일을 실행해야 하지 않겠는가? 하나님과 우리 사이에서 우리 마음이 그분께 있으며, 우리 소망이 그분의 말씀 안에 있다는 사실을 충분히 이해하고 있어야 한다. "평강의 하나님이 모든 선한 일에 너희를 온전하게 하사"(히 13:20-21). "모든 은혜의 하나님이… 친히 온전하게 하시며 굳건하게 하시며 강하게 하시며 터를 견고하게 하시리라."

그러므로 이제부터 하나님의 은혜로 말미암아 우리는 매일 아침 잠자리에서 깨어날 때마다 우리를 온전하게 하시겠다는 하나님의 약속을 겸허히 신뢰하면서 일터로 나가는 습관이 우리 마음에 굳건히 자리 잡을 수 있게 해야 한다. "주께서 나를 온전한 중에 붙드시고 영원히 주 앞에 세우시나이다"(시 41:12). "그러므로 하늘에 계신 너희 아버지의 온전하심과 같이 너희도 온전하라"(마 5:48). "그가 거룩하게 된 자들을 한 번의 제사로 영원히 온전하게 하셨느니라"(히 10:14). "누구든지 그의 말씀을 지키는 자는 하나님의 사랑이 참으로 그 속에서 온전하게 되었나니 이로써 우리가 그의 안에 있는 줄을 아노라"(요일 2:5).

"영원토록 복되신 하나님 아버지여, 아버지의 자녀가 눈을 뜨게 하사 이와 같은 비전을 보게 하소서. 하나님의 아들을 영원히 온전하게 하셨던 것처럼 하나님은 하나님의 영광이 나타나도록 하나님의 성도들을 온전하게 하시는 일을 우리 안에서 행하시기 위하여 기다리고 계신다는 비전 말입니다."

우리 안에 있는 그리스도의 생명

조금 있으면 세상은 다시 나를 보지 못할 것이로되 너희는 나를 보리니 이는 내가 살아 있고 너희도 살아 있겠음이라. 요한복음 14:19.

신약성경에서 첫 세 복음서와 요한복음 사이에는 엄청난 차이가 있다. 요한은 예수님의 사랑하는 친구였다. 요한은 그 선생님을 다른 제자들보다 훨씬 더 잘 이해하고 있었다. 많은 사람이 요한복음 13~17장을 신약성경 가운데서 가장 깊숙한 성소라고 생각했다. 다른 복음서 기자들은 회개와 죄 용서를 신약성경의 가장 첫 번째 커다란 선물로 언급했다. 그러나 우리 안에서 살아 있는 힘인 율법이 자리 잡고 있던 새 마음뿐만 아니라 새 언약으로 말미암아 우리 안에 허락된 새 생명에 대해서는 거의 이야기하지 않았다.

요한은 그리스도의 생명이 사실상 우리의 생명이 되었으며, 그분이 하나님 아버지와 하나인 것과 마찬가지로 우리도 그분과 하나가 되었다고 가르치셨던 그리스도의 가르침을 생생하게 기록해 놓았다. 다른 복음서 기자들은 잃어버린 자들을 찾아서 구원하는 목자로서의 그리스도에 관해 이야기했지만, 요한은 양들을 위하여 자기 목숨을 내줌으로써 그분의 생명이 바로 양들의 생명이 되는 목자로서의 그리스도에 관해 이야기했다. "내가 온 것은 양으로 생명을 얻게 하고 더 풍성히 얻게 하려는 것이라. 나는 선한 목자라. 선한 목자는 양들을 위하여 목숨을 버리거니와"(요 10:10-11).

그와 마찬가지로 요한복음 14장에서 그리스도는 "내가 살아 있고 너희도 살아 있겠음이라"(19절)고 말씀하셨다. 제자들은 주님으로부터 그 당시에 간직하고 계셨던 생명이 아니라 죽음을 이기고 승리를 거두신 동시에 하나님의 오른편 보좌로까지 높임을 받으신 능력 있는 부활의 생명을 전수받아야 했다. 그리스도는 그 이후로부터 계속해서 언제나 제자들 안에 머물러 계실 것이다. 천상의 새롭고 영원한 생명, 곧 예수님 자신의 생명이 제자들을 충만하게 채울 것이다. 그리고 이 약속은 믿음으로 그 생명을 받아들이는 모든 사람을 위한 것이다.

하지만 불행히도 너무나 많은 사람이 단지 그리스도인의 삶을 시작하는 것에 만족한 나머지 그 장성한 분량에까지, 곧 더욱 풍성한 삶에까지 도달하려는 열망을 품지 못한다. 이 사람들은 아예 이를 믿지도 않는다. 그들은 예수 그리스도의 생명으로 매우 충만해지는 것에 내포된 희생을 기꺼이 감수할 준비가 되어 있지 않았다. 하나님의 자녀여, "무릇 사람이 할 수 없는 것을 하나님은 하실 수 있느니라"(눅 18:27)는 메시지는 당신을 위한 것임을 기억하라.

천천히 주님과 시간을 가지면서 그리스도의 놀라운 약속이 당신의 마음을 사로잡을 수 있도록 하라. 온전한 구원, 곧 당신 안에 살아계신 그리스도, 그리고 그리스도 안에 살아 있는 당신 이외에는 다른 어떤 것에도 만족하지 않도록 하라. 이것은 그리스도의 약속을 경청하기 위하여 날마다 시간을 가지면서 하나님의 전능하신 능력이 그분의 은혜라는 강력한 이적을 우리 안에서 이루실 것이라고 믿는 모든 사람에게, 믿음으로 말미암아 그 마음속에 그리스도께서 내재하시는 모든 사람에게 마찬가지임을 명심하도록 하라.

성령을 약속하신 그리스도

그러나 내가 너희에게 실상을 말하노니 내가 떠나가는 것이 너희에게 유익이라. 내가 떠나가지 아니하면 보혜사가 너희에게로 오시지 아니할 것이요 가면 내가 그를 너희에게로 보내리니 … 그가 내 영광을 나타내리니 내 것을 가지고 너희에게 알리시겠음이라. 요한복음 16:7,14.

십자가에 달리신 그리스도는 하늘 보좌에서 영광을 받으셔야 했다. 그와 같은 영광을 받으시고 나서야 그리스도는 제자들의 심령속으로 성령을 내려보내셔서 제자들 안에서 그리스도를 영화롭게하실 것이다. 십자가에 달리시고 영광을 받으신 그리스도의 성령은 그분과 교제를 나누는 가운데 제자들에게 그리스도를 섬길 수 있는 능력과 생명을 부여주실 것이다. 성령은 신성한 영광의 성령으로 우리에게 임하신다. 그러므로 우리는 그분을 환영해야 하며 그분의 인도하심에 우리 자신을 절대적으로 내드려야 한다.

그렇다. "모든 것 곧 하나님의 깊은 것까지도 통달"(고전 2:10)하시는 성령, 신적인 존재의 본원으로 거하시는 성령, 그분의 사심과 십자가상에서 죽으심을 통하여 그리스도와 동행하셨던 성령, 곧 성부와 성자께서 보내신 바로 이 성령은 제자들 가운데 오셔서 함께 머물러 계셔야 했으며, 제자들이 영광 받으신 그리스도의 임재를 의식적으로 누리도록 도와주셔야 했다.

사랑에 순종할 수 있게 하는 삶이 제자들의 능력이 되도록 하셨던 분, 자기들에게 필요한 축복이 하늘에서 내려오도록 기도하는 가운데 제자들의 스승과 인도자가 되셨던 분이 바로 이처럼 복된 성령이셨다. 제자들이 하나님의 대적들을 정복하고 온 세상 끝까지 복음을 전할 수 있었던 것도 바로 이 성령의 능력 안에서였다.

하지만 지금 너무나 슬프게도 교회에 부족한 것이 바로 이 성령이시다. 너무나 끊임없이 교회가 슬프게 만드는 분도 바로 이 성령이시다. 교회의 사역이 흔히 너무나 빈약하고 열매 없는 모습을 보이는 것도 이와 같은 영적인 빈곤함 탓이다.

성령은 하나님이시다. 하나님이신 성령은 우리 전 존재를 소유하겠다고 말씀하고 계신다. 우리는 성령에 대하여 그리스도인의 삶에서 우리를 도와주시는 분이라고 생각하면서도, 우리 마음과 생각이 전적으로 끊임없이 성령의 다스림 아래 있어야 한다는 사실을 알지 못한다. 실제로 우리는 날마다, 매 순간 성령의 인도하심을 받아야 한다. 성령의 능력을 통하여 우리는 계속해서 예수님의 사랑과 교제 안에 머물러 있어야 한다.

계명을 지키는 사랑 안에서 항상 그리스도의 사랑 안에 거할 수 있다는 이 엄청난 약속을 우리가 지금까지 제대로 믿지 않았다는 것은 그다지 놀랄 만한 일이 아니다. 그리스도의 강한 능력이 우리 안에서, 우리를 통하여 역사하실 것이라고 믿을 만한 용기가 우리에게 없었다는 것도 전혀 놀랄 만한 일이 아니다. 그분의 신성한 기도 약속들이 우리 능력 범위를 훨씬 뛰어넘는다는 사실도 전혀 놀랄 만한 일이 아니다. "모든 것 곧 하나님의 깊은 것까지도 통달"(고전 2:10)하시는 성령은 우리 존재의 아주 깊숙한 것들을 요구하시면서, 결과적으로 바로 거기에다 그리스도를 주님과 통치자로 계시하실 수 있기를 원하신다.

이 약속이 우리의 삶 가운데 성취되기를 기다리고 계신다. "그가 내 영광을 나타내리니 내 것을 가지고 너희에게 알리시겠음이라"(요 16:14). 즉시 온 마음을 다하여 이 약속을 믿도록 지금 당장 자신을 내드리라. 그리스도는 이 약속을 실현하기를 기다리고 계신다.

날마다 그리스도 안에서

그날에는 내가 아버지 안에, 너희가 내 안에, 내가 너희 안에 있 는 것을 너희가 알리라. 요한복음 14:20.

우리 주님은 하나님 아버지 안에 있는 그분의 생명에 관하여 말 씀하셨다. "내가 아버지 안에 거하고 아버지께서 내 안에 계심을 믿 으라"(요 14:11). 우리 주님과 하나님 아버지는 서로 가까이에 있으 나 따로 계시는 두 분의 개별적인 존재가 아니었다. 두 분은 서로 안 에 계셨다. 비록 예수 그리스도께서 인간으로 이 땅에 오시긴 했지 만 그분은 하나님 아버지 안에 살아계셨다. 그리스도께서 행하시는 모든 것은 하나님 아버지께서 그리스도 안에서 행하시는 것이었다.

이와 같은 천상의 신성한 생명, 하나님 안에 있는 그리스도의 생 명, 그리스도 안에 있는 하나님의 생명은 그리스도 안에 있는 우리 의 생명이야말로 여기 이 땅에서 어떤 모습을 보여주어야 하는지에 관한 그림이자 보증이다. 성자 하나님께서 성부 하나님 안에 있는 것은 바로 그 신성한 생명의 본성 안에서다. 설령 그렇다고 하더라도 우리는 그리스도 안에 있다는 사실을 아는 동시에 그와 같은 믿음 안에서 살아가야 한다. 만약 우리가 그리스도 안에 있다는 사실을 믿고 그분의 능력에 우리 자신을 내드리기만 한다면, 하나님 아버지께서 그리스도 안에서 일하셨던 것처럼 그리스도 역시 우리 안에서 일하실 것이다.

그리고 성자 하나님께서 성부 하나님을 기다리셨으며, 하나님 아버지께서 아들을 통하여 일하셨던 것과 마찬가지로 제자들 역시 기도하면서 원하는 것을 그분께 알릴 수 있었을 것이다. 그러면 하나님께서 그렇게 응답하셨을 것이다. 그리스도 안에서 제자들의 생명은 하나님 아버지 안에서 그리스도의 생명을 반영하는 것이어야 했다. 하나님 아버지께서 아들 안에서 일하셨던 것과 마찬가지로 그리스도께서 아버지 안에 살아 있었기 때문에 제자들이 그리스도 안에 살아 있었을 때 그리스도도 제자들 안에 살아계셨다.

그러나 성령께서 임하실 때까지 이것은 성취되지 않을 것이었다. 위로부터 내려오는 능력으로 충만해질 때까지 제자들은 기다려야 했다. 이를 위하여 제자들은 날마다 교제하고 기도하며 그리스도 안에 머물러 있으면서 그리스도께서 약속하신 더 큰 일을 제자들 안에서 행하실 수 있도록 준비해야 했다.

교회의 능력에 관한 비밀은 그리스도께서 그 능력을 발견하신 곳, 그러니까 하나님 아버지와 그분의 사랑 안에 거하는 것 이외에 다른 어떤 데서도 찾아낼 수 없다. 이 사실을 얼마나 많은 교회가 제대로 이해하지 못하고 있단 말인가! 목회자들도 뭇 영혼을 그리스도 께로 인도하는 커다란 일을 위하여 준비되고, 그분께 사용될 수 있도 록 하는 유일한 방법으로서 날마다 순간마다 그리스도 안에 거하는 것이야말로 가장 커다란 유일한 목표가 되어야 한다는 사실을 거의 알지 못하고 있다. 만약 누군가 강단에서 잃어버린 비밀이 무엇이냐 고 묻는다면 우리는 그 비밀이 여기에 있다고 대답할 것이다. 성령께 서 우리 마음을 충만하게 채우시는 "그날에는 내가 아버지 안에, 너 희가 내 안에, 내가 너희 안에 있는 것을 너희가 알리라"(요 14:20).

"복되신 주여, 성령께 우리 자신을 스스럼없이 내드리는 법을 우 리에게 가르쳐주소서! 다른 모든 것보다 날마다 그분의 가르침을 기 다리는 법을 가르쳐주시고, 우리 역시 복된 비밀을 알게 하셔서 주 님이 하나님 아버지 안에 계신 것처럼 우리도 주님 안에 있어 주님 이 우리를 통하여 일하게 하소서! 은혜로우신 주님, 주님을 위하여 일하기를 갈망하고 있는 주님의 모든 자녀에게 넘치는 은혜와 간구 의 영을 부어주셔서 우리도 성령으로 충만해질 때까지 가만히 앉아 있지 않게 하소서!"

그리스도 안에 거하라

내 안에 거하라. 나도 너희 안에 거하리라. 가지가 포도나무에 붙어 있지 아니하면 스스로 열매를 맺을 수 없음같이 너희도 내 안에 있지 아니하면 그러하리라. 나는 포도나무요 너희는 가지라. 그가 내 안에, 내가 그 안에 거하면 사람이 열매를 많이 맺나니 나를 떠나서는 너희가 아무것도 할 수 없음이라. 요한복음 15:4-5.

우리 주님은 포도나무와 가지의 비유를 사용하여 그분과 우리의 연합 관계, 그리고 그분과 하나님 아버지의 연합 관계에 대하여 가르치셨다. 그리고 그 가르침은 요한복음 14장에서 더욱 강화되고 구체화된다. 우리 주님은 복음 안에서 날마다 그분과 충만한 교제를 나누는 삶이 절대적으로 필요한 사도와 그분의 모든 종에게 간절히 호소하기 위하여 이 모든 말씀을 전하셨다. "내 안에 거하라!"

한편으로 우리 주님은 그분 자신과 하나님 아버지를 가리키면서 "내가 진정으로 충분하게 아버지 안에 있는 것과 마찬가지로 너희도 역시 내 안에 거하라"고 명하셨다. 그런 다음에는 포도나무를 가리키면서 본질에서 이렇게 말씀하셨다.

"가지가 포도나무에 붙어 있는 게 사실인 것과 마찬가지로 너희도 내 안에 있다. 하나님 아버지께서 내 안에 거하시면서 내 안에서 일하시는 것과 마찬가지로, 그분께서 내 안에서 일하시는 것을 내가 성취해 내는 것과 마찬가지로, 가지가 포도나무에 붙어 있을 때 포도나무가 가지에 생명력과 힘을 전해주는 것과 마찬가지로, 가지가 그걸 받아서 풍성한 열매를 맺는 것과 마찬가지로 너희도 역시 내 안에 거하면 내 힘을 전해 받게 된다. 이와 같은 전능한 능력을 가지고 나는 너희 안에서, 그리고 너희를 통하여 내 일을 행하게 될 것이다. 그러므로 '내 안에 거하라!'"

사랑하는 하나님의 자녀여, 아마 당신은 이처럼 복된 말씀을 자주 묵상해 왔을 것이다. 그러나 그분이 원하는 대로 당신 안에서 일하시는 그리스도의 전능하신 능력을 소유하기 위하여 아직도 배울 것이 많다고 느끼지 않는가? 그리스도께서 하나님 안에 있으며, 당신이 그리스도 안에 있다는 두 가지 위대한 진리가 당신의 존재를 완전히 지배할 때까지 성령의 능력으로 주 예수 그리스도를 잠잠히 기다려라. 그리고 이런 기다림의 시간은 우리 모두에게 절실히 필요하다.

"그가 내 안에, 내가 그 안에 거하면 사람이 열매를 많이 맺나니 나를 떠나서는 너희가 아무것도 할 수 없음이라"(요 15:5)고 우리 주님은 말씀하셨다. 열매란 그리스도께서 찾으시는 것이며, 그리스도께서 일하시는 것이고, 그분을 신뢰하는 사람에게 확실히 주시는 것이다.

하나님의 자녀 가운데 가장 연약한 자에게도 그리스도는 여전히 이렇게 말씀하신다. "너는 내 안에 있다. 내 안에 거하라. 그러면 너는 많은 열매를 맺을 것이다." 그리스도를 전하는 사람 가운데 가장 강한 자에게도 그리스도는 여전히 이렇게 말씀하신다. "너는 내 안에 있다. 내 안에 거하라. 그러면 너는 많은 열매를 맺을 것이다."

이 메시지는 누구에게나 다 해당하는 말씀이다. 날마다, 지속해서, 중단 없이 그리스도 안에 거하는 것은 능력 있고 축복받는 삶을 위한 유일한 조건이다. 천천히 시간을 가지면서 성령께서 그분 안에 거하는 비밀을 당신에게 새롭게 하여 당신이 다음과 같은 말씀의 의미를 이해할 수 있도록 하라. "내가 이것을 너희에게 이름은 내 기쁨이 너희 안에 있어 너희 기쁨을 충만하게 하려 함이라"(요 15:11).

지금 주님께서 우리에게 이렇게 묻고 계신다. "너는 내가 이렇게 할 수 있다고, 내가 너를 내 사랑 안에 계속해서 거하도록 할 수 있다고 믿느냐?" 우리가 "물론이죠, 주님!"이라고 그분께 대답한다면 주님은 "두려워하지 말고 믿기만 하라"(막 5:36)고 덧붙여 말씀하실 것이다.

기도의 능력과 그리스도 안에 거하는 것

너희가 내 안에 거하고 내 말이 너희 안에 거하면 무엇이든지 원하는 대로 구하라. 그리하면 이루리라. 요한복음 15:7.

우리 주님은 하늘로 올라가시기 전에 제자들이 감당해야 할 커다란 일을 자신 있게 수행하면서 그분과 관계를 맺는 것과 관련하여 두 가지 커다란 교훈을 가르쳐주셨다. 그 교훈 가운데 하나는 우리 주님께서 일단 하늘에 올라가셔야 이 땅에 있을 때보다 훨씬 더 많은 능력을 소유하실 수 있다는 것이었다. 그리고 오직 사람들을 통하여, 사람들의 말과 행동을 통하여 영혼들을 구원하기 위하여 그와 같은 능력이 발휘되리라는 것이었다.

또 다른 교훈은 제자들 역시 우리 주님이 없으면 아무것도 할 수 없지만 제자들 안에서, 제자들을 통하여 일하시는 주님을 의지하여 그분의 목적을 수행할 수 있게 된다는 것이었다. 그러므로 제자들에게 가장 중요한 첫 번째 일은 자기들이 이루기를 원하는 모든 일을 기도하는 가운데 주님께로 가져오는 것이었다. 제자들은 "무엇이든지 원하는 대로 구하라. 그리하면 이루리라"(요 15:7)는 우리 주님의 약속을 알고 있었으며 거기에 전적으로 의지하고 있었다.

제자들의 마음속에 새겨진 이러한 두 가지 진리를 가르쳐주신 후에야 우리 주님은 제자들을 세상 속으로 보내셨다. 그리하여 제자들은 담대하게 자신에게 맡겨진 일을 수행할 수 있었다. 영광을 받으신 전능하신 예수님은 이 땅에서 친히 행하셨던 것보다 더 커다란 일들을 제자들 안에서, 제자들과 함께, 제자들을 통하여 행하실 준비가 되어 있었다. 이 땅에서 무기력한 모습을 보였던 제자들은 끊임없이 기도하는 가운데 우리 주님을 올려다보았으며, 우리 주님께서 그러한 기도를 들어주신다는 철저한 확신을 바탕으로 그렇게 하였다. 그런데 이것은 제자들이 우리 주님의 약속에 담긴 능력에 대해 단호한 확신을 보여줄 때만 가능한 일이었다. 제자들의 삶과 사역 속에서 가장 중대한 일은 기도와 간구의 영을 지속해서 유지하는 것이었다.

그런데 지금 얼마나 많은 그리스도인이 이것을 이해하지 못하며 믿지 못하고 있는가? 그렇다면 그렇게 된 이유는 무엇인가? 그것은 단지 그리스도인들이 날마다 그리스도 안에 머물러 있지 못하기 때문이다. 그것은 우리 주님의 "보배롭고 지극히 큰 약속"(벧후 1:4)을 믿는 믿음이 굉장히 무기력하기 때문이다. 그러므로 우리 삶과 일에 필요한 교훈을 배우도록 하자. 즉 그리스도의 몸에 붙어 있는 지체로서 날마다 우리에게 가장 중요한 일은 깊은 신뢰와 끊임없는 간구를 바탕으로 그리스도와 친밀하고 영속적인 교제를 나누어야 한다는 교훈 말이다.

오직 그럴 때라야 우리는 그리스도께서 우리의 기도를 들으실 뿐만 아니라 강력한 힘과 풍성한 축복의 원천으로써 위로부터 내려오는 능력을 베푸신다는 확신을 하게 될 것이다. 또한 그런 확신 가운데 우리에게 맡겨진 사명을 충실히 감당할 수 있게 될 것이다. 그러므로 차분히 시간을 가지면서 온 마음을 다하여 그리스도께서 하신 말씀을 굳게 믿어라.

지금 그리스도께서 우리에게 묻고 계신다. "무릇 살아서 나를 믿는 자는 영원히 죽지 아니하리니 이것을 네가 믿느냐?" 만일 우리가 "주여 그러하외다"라고 대답한다면 주님은 "너희가 내 안에 거하고 내 말이 너희 안에 거하면 무엇이든지 원하는 대로 구하라. 그리하면 이루리라"(요 15:7), 그리고 "아버지께서 나를 사랑하신 것같이 나도 너희를 사랑하였으니 (너희는 계속해서) 나의 사랑 안에 거하라"(요 15:9)고 말씀하실 것이다.

사랑 안에 담겨 있는 신비

아버지여, 아버지께서 내 안에, 내가 아버지 안에 있는 것같이 그들도 다 하나가 되어 우리 안에 있게 하사 세상으로 아버지께서 나를 보내신 것을 믿게 하옵소서. 내게 주신 영광을 내가 그들에게 주었사오니 이는 우리가 하나가 된 것같이 그들도 하나가 되게 하려 함이니이다. 곧 내가 그들 안에 있고 아버지께서 내 안에 계시어 그들로 온전함을 이루어 하나가 되게 하려 함은 아버지께서 나를 보내신 것과 또 나를 사랑하심같이 그들도 사랑하신 것을 세상으로 알게 하려 함이로소이다. 요한복음 17:21-23.

그리스도는 이 땅에서 마지막 만찬을 드시는 동안, 특히 그분 안에 머물러 있으면서 그분 안에 거해야 한다는 말씀을 제자들에게 강조하셨다. 또한 그리스도께서 제자들 안에 있다고도 말씀하셨지만 제자들이 그분 안에 있어야 한다는 것만큼 강조하지 않으셨다.

그러나 대제사장으로서 기도하시면서 하나님 아버지께서 그분 안에 계신 것과 마찬가지로 그분이 제자들 안에 계신다는 생각에 대해서는 굉장히 많이 강조하셨다. "내게 주신 영광을 내가 그들에게 주었사오니 이는 우리가 하나가 된 것같이 그들도 하나가 되게 하려 함이니이다. 곧 내가 그들 안에 있고 아버지께서 내 안에 계시어 그들로 온전함을 이루어 하나가 되게 하려 함은 아버지께서 나를 보내신 것과 또 나를 사랑하심같이 그들도 사랑하신 것을 세상으로 알게 하려 함이로소이다"(요 17:22-23).

하나님께서 아들을 사랑하신 것같이 제자들을 사랑하셨다고 세상을 이해시킬 힘은 오직 성도가 자기 안에 계신 그리스도와 함께 삶을 살아가면서 그리스도께서 자신을 사랑하셨던 것처럼 동료 성도들을 사랑함으로써 그 사랑을 증명할 때라야 생겨날 수 있다. 교회가 연약한 것은 우리가 이런 본보기를 통하여 우리 생명이 그리스도 안에 있으며, 그리스도의 생명이 우리 안에 있다는 것을 지금까지 온 세상에 제대로 증명해 보이지 못했기 때문이다.

그렇다면 이것을 증명해 보이기 위해서는 무엇이 필요한가? 그것은 우리 마음속에 그리스도께서 온전히 머물러 계신다는 것과 자신 안에 그리스도께서 머물러 계신다고 서로 인정하는 성도들을 하나로 묶어주는 것 외에는 다른 어떤 것도 필요하지 않다.

요한복음 17장에 등장하는 그리스도의 기도 중에 마지막 말씀은 이런 내용이다. "내가 아버지의 이름을 그들에게 알게 하였고 또 알게 하리니 이는 나를 사랑하신 사랑이 그들 안에 있고 나도 그들 안에 있게 하려 함이니이다"(26절). 신성한 내주 하심은 신성한 사랑을 드러내 보이는 데서 커다란 영광을 나타낸다. 그것은 그리스도를 향한 하나님 아버지의 사랑이며, 그리스도로 말미암아 우리에게 전해졌고, 우리에게서 모든 사람을 향하여 흘러넘치게 된다.

그리스도는 사랑스러운 순종하는 모든 제자에게 이처럼 중대한 약속을 허락하셨다. "사람이 나를 사랑하면 내 말을 지키리니 내 아버지께서 그를 사랑하실 것이요. 우리가 그에게 가서 거처를 그와 함께하리라"(요 14:23). 그 안에서 성부와 성자가 하나이신 성령께서 우리 마음속에 살아계시고 싶어 하게 만드는 것은 우리가 그리스도와 동료 성도들을 위하여 이와 같은 사랑의 삶을 살아가는 것이다. 이것 외에 다른 어떤 것도 당신이 온 마음과 힘을 다하여 추구하고 믿고 요구하는 것이 되어서는 안 된다.

그럴 때 "지식에 넘치는 그리스도의 사랑"(엡 3:18) 안에서 예수 그리스도는 우리 안에 내주하실 것이다. 그로 말미암아 그분은 우리 마음을 충만하게 채우실 것이다. 이와 같은 방식으로 온 세상은 하나님의 자녀 가운데 그리스도의 말씀이 성취되고 있다고 인정할 수밖에 없는 사랑에 사로잡히게 될 것이다. "나를 사랑하신 사랑이 그들 안에 있고 나도 그들 안에 있게 하려 함이니이다"(요 17:26).

우리의 의이신 그리스도

그리스도 예수 안에 있는 속량으로 말미암아 하나님의 은혜로 값없이 의롭다 하심을 얻은 자 되었느니라. 로마서 3:24.

첫 세 복음서 기자는 구속을 죄에 대한 사면이나 칭의로 언급하였다. 그러나 요한은 구속을 그리스도께서 우리 안에 살아계시도록 하는 생명, 곧 중생이라고 말하였다. 우리는 바울 서신에서 이 두 진리가 아름다운 조화를 이루고 있다는 사실을 발견하게 된다.

먼저 바울은 로마서 3장 21절부터 5장 11절까지 칭의에 관하여 설명하였다. 그런 다음에는 5장 12절부터 8장 39절까지 그리스도와 연합하여 살아가는 삶에 관하여 계속해서 이야기했다. 로마서 4장에서 바울은 우리에게 아브라함 안에서 이러한 것들을 둘 다 발견할 수 있다고 말했다. "아브라함이 하나님을 믿으매 그것이 그에게 의로 여겨진 바 되었느니라. 경건하지 아니한 자를 의롭다 하시는 이를 믿는 자에게는 그의 믿음을 의로 여기시나니"(롬 4:3,5). 그다음으로 17절에서 아브라함이 "믿은 바 하나님은 죽은 자를 살리시며 없는 것을 있는 것으로 부르시는 이시니라." 하나님께서 아브라함의 믿음을 의롭다고 여기셔서 얼마든지 죽은 자를 살리실 수 있는 하나님을 믿도록 인도해 주셨던 것처럼 그것은 모든 성도에게도 마찬가지다.

믿음의 눈이 그리스도께 고정될 때 칭의가 뒤따라온다. 그러나 이것은 단지 시작에 지나지 않는다. 점차 이 성도는 그와 동시에 거듭났다는 사실과 자기 안에 그리스도께서 계신다는 사실, 그리고 이제 자신을 향한 부르심은 그리스도 안에 거하는 것이며, 그리스도께서 자기 안에 거하시면서 일한다는 사실을 이해하기 시작한다.

그리스도인 대다수는 칭의에 따른 믿음을 단단히 붙잡음으로써 감사와 순종의 삶을 살기 위하여 자기 자신을 고취하고 강하게 하려고 노력한다. 그러나 이들은 그리스도께 자신을 내드리는 온전한 믿음을 알지도 못하고, 그에 따라 행하지도 않기 때문에 자기 안에 그리스도의 생명을 지속해서 유지하지 못한다. 이 사람들은 아브라함에게서 첫 번째 교훈을 배웠다. 곧 "경건하지 아니한 자를 의롭다 하시는" 하나님을 믿는 것이다. 그러나 두 번째 커다란 교훈으로 나아가지는 못했다. 곧 "죽은 자를 살리시며 없는 것을 있는 것으로 부르시는" 하나님을 믿으면서 자기 안에 살아계신 그리스도로 말미암은 생명을 날마다 새롭게 하지 못했다. 그리고 오직 그리스도의 생명 안에 충만한 힘과 축복이 있다고 믿는 데까지 이르지 못했다.

그리스도인은 믿음으로 말미암아 살아야 한다(롬 1:17). 죄 용서의 은혜는 단지 시작일 뿐이다. 은혜 안에서 자라가는 것은 그리스도 안에 있다는 것, 그분 안에서 살아간다는 것이다. 그리고 "오직 사랑 안에서 참된 것을 하여 범사에 그에게까지 자랄지라. 그는 머리니 곧 그리스도시라"(엡 4:15)는 것이 의미하는 바에 관해 충만한 통찰과 경험으로 계속해서 인도함을 받는 것이다.

우리의 생명이신 그리스도

한 사람의 범죄로 말미암아 사망이 그 한 사람을 통하여 왕 노릇 하였은즉 더욱 은혜와 의의 선물을 넘치게 받는 자들은 한 분 예수 그리스도를 통하여 생명 안에서 왕 노릇 하리로다. 그런즉 한

범죄로 많은 사람이 정죄에 이른 것 같이 한 의로운 행위로 말미암아…. 로마서 5:17-18. 이와 같이 너희도 너희 자신을 죄에 대하여는 죽은 자요. 그리스도 예수 안에서 하나님께 대하여는 살아 있는 자로 여길지어다. 로마서 6:11.

사도 바울이 우리에게 가르쳐주는 것은 바로 우리의 의이신 그리스도를 믿는 믿음은 죽음에서 살아난 생명이신 그리스도를 믿는 믿음으로 자라야 한다는 것이다. 그래서 이렇게 질문한다. "무릇 그리스도 예수와 합하여 세례를 받은 우리는 그의 죽으심과 합하여 세례를 받은 줄을 알지 못하느냐"(롬 6:3). 우리는 예수 그리스도와 함께 장사되었으며 그분과 함께 죽음에서 다시 살아났다. 모든 인류가 아담 안에서 죽었던 것과 마찬가지로 그리스도 안에 있는 모든 성도 역시 그분 안에서 죽었다. "우리의 옛사람이 예수와 함께 십자가에 못 박힌 것은 죄의 몸이 죽어 다시는 우리가 죄에게 종노릇 하지 아니하려 함이니"(롬 6:6).

그런데 우리는 그리스도와 함께 죽음에서 다시 살아났다. "너희가 세례로 그리스도와 함께 장사되고 또 죽은 자들 가운데서 그를 일으키신 하나님의 역사를 믿음으로 말미암아 그 안에서 함께 일으키심을 받았느니라"(골 2:12). 그래서 이제 우리는 자기 자신을 "죄에 대하여는 죽은 자요. 그리스도 예수 안에서 하나님께 대하여는 살아 있는 자"(롬 6:11)로 여겨야 한다.

진정으로 우리 안에 있는 새로운 생명은 그리스도의 부활하신 생명에 참여하여 그 생명을 실제로 경험하는 것처럼 우리가 그리스도 안에서 죄에 대하여 죽는 것도 영적인 실재이다. 우리가 어떻게 그리스도의 죽으심과 부활하심 안에서 그분과 진정으로 하나가 되었는지를 성령의 능력으로 알 수 있을 때 그리스도 안에서 죄가 우리를 향해 아무런 힘을 발휘하지 못하게 된다는 사실을 이해하게 될 것이다. 그러면 "또한 너희 지체를 불의의 무기로 죄에게 내주지 말고 오직 너희 자신을 죽은 자 가운데서 다시 살아난 자같이 하나님께 드리며 너희 지체를 의의 무기로 하나님께 드리라"(롬 6:13)는 말씀에 그대로 순종하게 된다.

그리스도 안에서 자신이 죽었으며, 이제는 그분 안에서 다시 살아났다는 사실을 잘 아는 사람은 단 한순간이라도 "죄가 너희를 주장하지 못하리니 이는 너희가 법 아래에 있지 아니하고 은혜 아래에 있음이라"(롬 6:14)는 사실을 자신 있게 믿을 수 있다. "이와 같이 너희도 너희 자신을 죄에 대하여는 죽은 자요. 그리스도 예수 안에서 하나님께 대하여는 살아 있는 자로 여길지어다"(롬 6:11). 이것이 바로 참된 믿음의 삶이다.

우리가 오직 그리스도 안에서만 살 수 있으며, 성령의 충만한 능력을 점차 경험하면서 그리스도께서 우리 안에 살아계시게 하는 것처럼 그것은 여기서도 마찬가지다. 바울은 "이는 그리스도 예수 안에 있는 생명의 성령의 법이 죄와 사망의 법에서 너를 해방하였음이라"(롬 8:2)고 말했다. 이는 그 자신이 계속해서 죄에 종노릇 하면서 불평하는 모습을 보였기 때문이다. 그러고는 이렇게 덧붙였다. "육신을 따르지 않고 그 영을 따라 행하는 우리에게 율법의 요구가 이루어지게 하려 하심이니라"(롬 8:4). 성령을 통하여 우리는 하나님의 자녀에게 허락되는 영광스러운 자유 안으로 들어가게 된다.

"오, 하나님이여! 하나님의 자녀가 '너희도 너희 자신을 죄에 대하여는 죽은 자요. 그리스도 예수 안에서 하나님께 대하여는 살아 있는 자로 여길' 때 그 자녀의 눈을 열어주소서! 그래서 거룩하고 열매 맺는 삶을 살기 위하여 우리가 우리 안에 살아계신 그리스도께 어떤 능력이 있는지를 알아볼 수 있게 하소서!"

그리스도와 함께 십자가에 못 박혔나니

내가 그리스도와 함께 십자가에 못 박혔나니 그런즉 이제는 내가 사는 것이 아니요. 오직 내 안에 그리스도께서 사시는 것이라. 갈라디아서 2:20.

아담 안에서 우리가 죽었으며, 하나님의 생명과 뜻에서 벗어나 죄와 타락으로 빠져들었던 것처럼 그리스도 안에서 우리는 새로운 영적인 죽음, 곧 죄에 대해서 죽고 하나님의 뜻과 생명으로 들어가는 삶을 함께하게 되었다. 그것이 바로 그리스도께서 죽으신 죽음이었으며, 그것이 그리스도 안에서 우리가 함께 짊어져야 하는 죽음이

기도 했다.

　사도 바울에게 이것은 너무나 생생한 실재라서 이렇게 말할 수밖에 없었다. "내가 그리스도와 함께 십자가에 못 박혔나니 그런즉 이제는 내가 사는 것이 아니요. 오직 내 안에 그리스도께서 사시는 것이라." 그리스도와 함께 죽는 죽음이 너무나 큰 힘을 발휘하여 이제 더는 그 자신이 스스로 삶을 살아가는 게 아니었다. 대신 그리스도께서 바울 안에서 그분의 삶을 살아가셨다. 사실상 바울은 옛 성품과 죄에 대해서 죽었으며 자기 안에 거하는 살아계신 그리스도의 능력으로 다시 살아나게 되었다.

　십자가에 달리신 예수 그리스도는 바울 안에 살아계셨으며 바울로 하여금 십자가가 그리스도께 의미했던 모든 것을 함께 짊어지게 하셨다. "오히려 자기를 비워 종의 형체를 가지사 사람들과 같이 되셨고 사람의 모양으로 나타나사 자기를 낮추시고 죽기까지 복종"(빌 2:7-8) 하신 그리스도 안에 있는 바로 그 마음은 십자가에 달리신 그리스도께서 바울 안에 살아계셨기 때문에 바울 안에서도 작용하고 계셨다. 그러므로 바울은 십자가에 달린 사람으로서 살아갔다.

　그리스도께서 십자가에 달려 돌아가셨던 것은 그분의 거룩하심과 죄에 대해 거둔 승리를 가장 높은 차원에서 보여주신 것이다. 그리스도를 영접한 성도는 십자가에 달리신 주님께서 성취하신 모든 능력과 축복을 함께 나누어 가지게 된다. 성도가 믿음으로 이를 받아들이는 법을 배울 때 그 성도는 세상에 대하여 십자가에 달렸을 뿐만 아니라 세상의 쾌락과 자랑, 정욕과 자기만족에 대하여 죽은 자로서 자기 자신을 내려놓게 된다. 더 나아가 십자가에 달리신 주님께서 이 성도에게 십자가의 능력을 계시하실 때 십자가의 신비가 그리스도와 충분한 교제를 나누고 그리스도의 고난을 닮아가는 문을 열어준다는 사실을 깨닫게 된다.

또한 말씀에서 이야기하는 가장 깊은 의미를 충분히 깨닫게 된다. "우리는 십자가에 못 박힌 그리스도를 전하니 유대인에게는 거리끼는 것이요. 이방인에게는 미련한 것이로되 오직 부르심을 받은 자들에게는 유대인이나 헬라인이나 그리스도는 하나님의 능력이요 하나님의 지혜니라"(고전 1:23-24). 그 성도는 이와 같은 축복을 훨씬 더 충분히 이해하는 데까지 장성하여 감히 이렇게 고백할 것이다. "내가 그리스도와 함께 십자가에 못 박혔나니 그런즉 이제는 내가 사는 것이 아니요 오직 내 안에 그리스도께서 사시는 것이라."

한 사람이 자기 자신을 하나님께 내드리고 "이와 같이 너희도 너희 자신을 죄에 대하여는 죽은 자요. 그리스도 예수 안에서 하나님께 대하여는 살아 있는 자로 여길지어다"(롬 6:11)라고 권면하였다. 그러므로 우리도 하나님께서 우리에게 허락하신 믿음의 축복과 능력을 힘입어 살아갈 수 있도록 매일의 삶에서 온전히 우리 자신을 하나님께 내드려야 한다.

내주하시는 그리스도

이러므로 내가 하늘과 땅에 있는 각 족속에게 이름을 주신 아버지 앞에 무릎을 꿇고 비노니 그의 영광의 풍성함을 따라 그의 성령으로 말미암아 너희 속사람을 능력으로 강건하게 하시오며 믿음으로 말미암아 그리스도께서 너희 마음에 계시게 하시옵고 너희가 사랑 가운데서 뿌리가 박히고 터가 굳어져서 능히 모든 성도와 함께 지식에 넘치는 그리스도의 사랑을 알고 그 너비와 길이와 높이와 깊이가 어떠함을 깨달아 하나님의 모든 충만하신 것으로 너희에게 충만하게 하시기를 구하노라. 에베소서 3:14-19.

이스라엘과 다른 나라를 구분하는 커다란 특권은 바로 이것이었다. 곧 이스라엘에게는 백성 가운데 머물러 계시는 하나님께서 존재하였다. 하나님께서 거하시는 곳은 '지성소'였다. "또 둘째 휘장 뒤에 있는 장막을 지성소라 일컫나니"(히 9:3).

신약시대는 하나님께서 그분의 자녀들 마음속에 거하시는 시대이다. 그래서 그리스도는 이렇게 말씀하셨다. "사람이 나를 사랑하면 내 말을 지키리니 내 아버지께서 그를 사랑하실 것이요 우리가 그에게 가서 거처를 그와 함께하리라"(요 14:23). 이것이 바로 "하나님이 그들로 하여금 이 비밀의 영광이 이방인 가운데 얼마나 풍성한지를 알게 하려 하심이라. 이 비밀은 너희 안에 계신 그리스도시니 곧 영광의 소망이니라"(골 1:27)고 바울이 언급한 것이다.

또한 "내가 그리스도와 함께 십자가에 못 박혔나니 그런즉 이제는 내가 사는 것이 아니요 오직 내 안에 그리스도께서 사시는 것이라"(갈 2:20)고 자기 자신에 관해 설명했던 내용이다. 얼마나 많은 그리스도인이 이것을 경험하지 못하는지 모른다! 그리스도인의 삶에서 이처럼 더할 나위 없는 축복을 경험하는 방법에 관한 바울의 가르침을 한번 공부해 보자.

첫째, "내가… 하늘과 땅에 있는 각 족속에게 이름을 주신 아버지 앞에 무릎을 꿇고 비노니." 이 축복은 하나님 아버지로부터 임해야 한다. 그것은 많은 기도를 통해서 발견되어야 한다.

둘째, "그의 영광의 풍성함을 따라 그의 성령으로 말미암아 너희 속사람을 능력으로 강건하게 하시오며." 죄와 세상으로부터 구별되고, 주님과 선생님이신 그리스도께 순복하며, 그리스도를 위한 사랑의 삶을 살면서 "내 아버지께서 그를 사랑하실 것이요 우리가 그에게 가서 거처를 그와 함께하리라"(요 14:23)는 약속을 허락하신 그분의 계명을 지키는 힘을 하나님은 우리에게 제공하신다.

셋째, "믿음으로 말미암아 그리스도께서 너희 마음에 계시게 하시옵고." 그분의 신성한 편재하심과 사랑 안에서 그리스도는 그 안에 들어가 편안히 거할 수 있는 심령을 간절히 찾고 계신다. 어떤 성도든 믿음으로 이것을 바라보면서 무릎 꿇고 하나님께 이와 같은 커다란 축복을 달라고 간구할 때 그 사람은 우리 기도가 얼마든지 응답한다고 믿는 은혜를 받아 누리게 된다. 그와 같은 믿음을 통하여 그 성도는 너무나 오랫동안 기대하던 놀라운 선물, 곧 믿음으로 말미암아 우리 마음속에 거하시는 그리스도를 받아들이게 된다.

넷째, 어떤 사람이든 그것을 경험할 수 있는 한 "너희가 사랑 가운데서 뿌리가 박히고 터가 굳어져서… 하나님의 모든 충만하신 것으로 너희에게 충만하게 하시기를 구하노라." 성령께서 여기에 허락하신 말씀을 받아먹어라. 하나님께서 "우리 가운데서 역사하시는 능력대로 우리가 구하거나 생각하는 모든 것에 더 넘치도록 능히 하실"(엡 3:20) 것이라는 담대한 확신을 단단히 붙잡아라.

믿음의 창시자이자 종결자이신 그리스도

내가 믿나이다. 나의 믿음 없는 것을 도와주소서.
마가복음 9:24.

이 말씀에 포함된 권면은 얼마나 놀라운 보화인지 모른다! 우리 주님은 할 수 있거든 도와달라고 그분께 요청하는 귀신 들린 아이의 아버지에게 이렇게 말씀하셨다. "할 수 있거든이 무슨 말이냐. 믿는 자에게는 능히 하지 못할 일이 없느니라"(막 9:23). 이 아버지는 그리스도께서 자신에게 책임을 떠넘기고 계신다고 느꼈을지도 모른다. 만약 이 아버지가 믿었다면 그 아이는 치유될 수 있었을 것이라고 말이다. 그러나 이 아버지는 자신에게 그러한 믿음이 없다고 느꼈다.

그런데 그리스도의 얼굴을 쳐다보면서 기꺼이 무엇이든 고쳐주겠다고 말씀하시는 그와 같은 사랑이 있으신 분이라면, 또한 그리스도께서 자신의 믿음을 도와주실 준비가 되어 있을 뿐만 아니라 심지어 아무리 연약한 시작이라도 얼마든지 은혜롭게 받아주실 것이라는 확신이 들었다. 그리하여 눈물을 흘리면서 이렇게 소리쳤다. "내가 믿나이다. 나의 믿음 없는 것을 도와주소서"(막 9:24). 그러자 그리스도는 이 간청을 듣고 아이를 고쳐주셨다.

하나님의 놀라운 약속을 들을 때마다 우리 믿음이 너무나 연약하여 그와 같은 소중한 선물을 꽉 붙잡을 수 없다고 빈번히 느껴왔던 우리에게, 이것이 얼마나 놀라운 교훈이란 말인가! 여기서 우리는 우리 믿음이 제대로 힘을 발휘하기를 기다리고 계신 그리스도께서 우리 믿음에 깊은 관심을 보이시는 구세주라는 확신을 얻게 된다.

아무리 우리 믿음이 연약할지라도, 그것이 아무리 눈물을 흘리게 할지라도 이렇게 부르짖도록 하라. "내가 믿나이다. 나의 믿음 없는 것을 도와주소서"(막 9:24). 그리스도는 그분에게 신뢰를 두는 기도를 받아주실 것이다. 비록 우리 믿음이 "겨자씨 한 알 만큼만 있어도"(마 17:20) 이렇게 하도록 하라. 그리스도와 접촉하면 아무리 강한 믿음이라도 더욱 강해지고 담대하게 될 것이다. 예수 그리스도는 우리 "믿음의 주요 또 온전하게 하시는 이"(히 12:2)시다.

사랑하는 그리스도인이여, 하나님의 놀라운 약속을 읽으면서 그것이 성취되기를 갈망하면서 겨자씨만한 믿음만 있어도 된다는 말씀을 기억하라. 겨자씨가 아무리 작다고 할지라도 땅속에 묻혀서 자랄 수 있는 환경만 만들어 준다면 그것은 커다란 나무로 자라나게 될 것이다. 당신 속에 숨겨진 연약하고 조그만 믿음의 씨앗을 찾아보라. 그리하여 당신이 의지하는 약속의 말씀을 붙잡고 마음속에 그 씨앗을 뿌려놓아라. 그리스도께 드리는 뜨거운 기도를 통하여 그분과 교통함으로 끝까지 그분을 버리지 않고 계속해서 붙어 있는 믿음이라면 우리 주님은 기꺼이 받아주실 것이다. 처음에는 그리스도를 믿는 믿음이 아무리 연약할지라도 점차 높은 산을 움직일 수 있을 만한 거대한 믿음으로 자라나게 될 것이다.

아브라함에 대해 하나님은 그 믿음을 책임지고 훈련하셔서 "믿음으로 견고하여져서 하나님께 영광을 돌리며"(롬 4:20)라고 말씀하셨다. 당신도 당신의 믿음을 강하게 키우기를 원하시는 그리스도의 소망에 대해 자신감을 가지고 의지할 수 있다. 다시금 "이것을 네가 믿느냐?"는 질문을 받을 때 당신의 마음에서 자신 있게 "내가 믿나이다"(막 9:24)라고 답하도록 하라. 하나님을 찬양하라! 그리스도께서 천상의 생명으로 충만하여 언약의 축복을 베푸시기 위하여 기다리고 계신다. 그뿐만 아니라 모든 것을 요구할 수 있는 믿음을 바탕으로 우리 안에서 은밀하게 역사하고 계신다.

믿음의 순종에 대한 본보기

여호와께서 아브람에게 나타나서 그에게 이르시되 나는 전능한 하나님이라. 너는 내 앞에서 행하여 완전하라. 내가 내 언약을 나와 너 사이에 두어 너를 크게 번성하게 하리라. 창세기 17:1-2.

우리는 하나님께서 아브라함 안에서 어떻게 믿음을 찾으시고 보응하시는지, 어떻게 하나님께서 허락하시는 은혜로운 훈련을 통하여 믿음을 세워가시는지 보게 된다.

하나님께서 처음 아브라함을 부르셨을 때 "내가 너로 큰 민족을 이루고 네게 복을 주어 네 이름을 창대하게 하리니 너는 복이 될지라. 너를 축복하는 자에게는 내가 복을 내리고 너를 저주하는 자에게는 내가 저주하리니 땅의 모든 족속이 너로 말미암아 복을 얻을 것이라"(창 12:2-3)고 약속하셨다. 그 뒤 아브라함이 가나안 땅에 다다랐을 때 하나님은 그 땅이 아브라함에게 돌아갈 것이라는 약속과 함께 만나주셨다(창 12:7). 그리고 아브라함이 전투에서 돌아오자 하나님은 아브라함의 후손이 별처럼 많아질 것이라는 약속을 새롭게 하시면서 아브라함을 다시 만나주셨다.

하나님은 이삭이 태어나기 전에 아브라함의 믿음을 강하게 하려고 이렇게 말씀하셨다. "나는 전능한 하나님이라. 너는 내 앞에서 행하여 완전하라. 내가 내 언약을 나와 너 사이에 두어 너를 크게 번성하게 하리라"(창 17:1-2). 마므레 고원에서 다시 한번 하나님은 이렇게 말씀하셨다. "여호와께 능하지 못한 일이 있겠느냐"(창 18:14). 아브라함의 믿음이 아들 이삭을 기꺼이 희생하기까지, 전적으로 순종하여 완전해질 때까지 하나님은 차근차근 한 걸음씩 아브라함을 인도하셨다. "믿음으로 아브라함은 부르심을 받았을 때"(히 11:8)와 마찬가지로 백 세 무렵에는 오직 믿음으로 다른 어떤 약속이 없더라도, 심지어 하나님의 모든 약속과 상충하는 것처럼 보일 때조차도 온 힘을 다하여 하나님의 뜻에 순종할 수 있었다.

아브라함의 후손, 즉 하나님의 자녀들에게도 하나님은 강력히 믿음을 요구하신다. 만약 당신이 아브라함의 발자취를 따르려고 한다면, 당신 역시 모든 것을 버리고 성별되어 오직 하나님의 말씀 외에는 다른 어떤 것도 의지하지 않는 영적인 약속의 땅에서 살아가야 한다. 이를 위하여 당신 안에서 일하시는 하나님은 "그의 힘의 위력으

로 역사하심을 따라 믿는 우리에게 베푸신 능력의 지극히 크심"(엡
1:19)에 따라 역사하시는 전능자라는 깊고 분명한 통찰이 필요하다.

믿음의 삶을 살아가기가 쉽다고 생각하지 말라. 거기에는 온종
일 하나님의 임재 안에 머물러 있는 삶이 요구된다. 하나님께서 당
신에게 "나는 전능한 하나님이라. 너는 내 앞에서 행하여 완전하라.
내가 내 언약을 나와 너 사이에 두어 너를 크게 번성하게 하리라"(창
17:1-2)고 말씀하실 때까지 겸손한 경배를 통하여 하나님 앞에 무릎
꿇어라. 이 음성을 들었을 때 "아브람이 엎드렸더니 하나님이 또 그
에게 말씀"(창 17:3)하셨다. 여기에는 하나님께서 약속하신 모든 것
에 관하여 그분을 신뢰하는 능력의 은밀한 원천이 숨어 있다.

하나님께 진정으로 성별된 삶을 살도록 부르심을 받았을 때 우
리는 아브라함처럼 나아갈 수밖에 없다. 아브라함의 발자취를 따라
가라. 하나님의 말씀에 대한 이와 같은 간증을 마음속 깊이 간직하
라. "믿음이 없어 하나님의 약속을 의심하지 않고 믿음으로 견고하
여져서 하나님께 영광을 돌리며 약속하신 그것을 또한 능히 이루실
줄을 확신하였으니"(롬 4:20-21).

믿음의 시험으로 정결해지라

그의 종들이 나아와서 말하여 이르되 내 아버지여 선지자가 당

신에게 큰일을 행하라 말하였더면 행하지 아니하였으리이까. 하물며 당신에게 이르기를 씻어 깨끗하게 하라 함이리이까 하니.
열왕기하 5:13.

나아만을 통하여 하나님께서 사람을 다루시는 과정에서 믿음이 차지하는 자리에 대해 깜짝 놀랄 만한 한 가지 구체적인 사례를 만나게 된다. 그것은 우리에게 참 믿음이 무엇인지에 관하여 놀라운 계시를 던져준다.

먼저 치유에 대한 나아만의 바람이 얼마나 간절했을지 한번 생각해 보라. 나아만은 무슨 짓이든지 기꺼이 하려고 했을 것이다. 심지어 시리아 왕과 이스라엘 왕에게 나아가서 호소하는 것조차도 서슴지 않으려고 하였다. 나아만은 장기간에 걸친 여행도 마다하지 않고 선지자 엘리사 앞으로 나아갈 정도로 자신을 겸허하게 낮추었다. 하지만 엘리사는 아예 나아만을 만나주려고도 하지 않았다. 이처럼 복을 받으려는 나아만의 강한 열망 속에서 우리는 강한 믿음의 기본적이면서도 가장 첫 번째 표지를 발견하게 된다. 그런데 우리 신앙에서 너무나 심각하게 부족한 것이 바로 이와 같은 하나님을 향한 추구와 그분의 축복을 향한 열망이다.

믿음의 두 번째 표지는 온갖 선입관에 사로잡힌 견해를 내려놓고 하나님의 말씀 앞에 고개를 숙인다는 것이다. 이것은 나아만이 기꺼이 받아들이려고 했던 수준을 훨씬 뛰어넘는 것이었다. 엘리사가 얼굴조차 보이지 않고 자신을 만나주려고 하지 않자 나아만은 화를 벌컥 내면서 돌아가려고 했다. 하지만 아주 지혜롭고 신실한 종이 자신에게 더 나은 조언을 건네도록 열린 자세를 유지했다. 이것은 자신이 가졌던 이전의 온갖 선입견을 내려놓는 행위였다. 미천한 종의 조언을 받아들인다는 것, 이것은 결국 선입견을 버리는 행위였다. 하나님의 말씀을 받아들이는 것과 같은 매우 단순한 일이 우리 마음속에 그렇게 강력한 변혁을 일으킬 수 있을까 하는 선입견 때문에 우리 믿음은 종종 주춤거리게 된다.

세 번째로 믿음은 "씻어 깨끗하게 하라"는 하나님의 말씀에 절대적으로 순복하게 된다는 것이다. 얼핏 보기에는 무익해 보일지 모르지만 믿음은 순종을 통하여 스스로 증명된다. 단지 한두 번만 순종하는 게 아니라 강력한 이적이 일어나리라는 확신 속에서 "너는 가서 요단 강에 몸을 일곱 번 씻으라. 네 살이 회복되어 깨끗하리라"(왕하 5:10)는 말씀에 그대로 순종하게 된다. "씻어 깨끗하게 하라"는 간단한 말씀을 단단히 붙잡을 때 믿음은 "온몸이 깨끗"(요 13:10)한 어린아이의 생명처럼 그 자체로 새로워지는 모습을 발견하게 된다. 강력한 순종의 행위가 가능해지는 것이다.

하나님의 말씀이 "맑은 물을 너희에게 뿌려서 너희로 정결하게 하되 곧 너희 모든 더러운 것에서와 모든 우상 숭배에서 너희를 정결하게 할 것"(겔 36:25)이라는 약속으로 데려갈 때 우리를 가로막는 것은 다름 아닌 불신앙이다. 하나님의 약속에 모든 의지를 단순하고 결연하게 순복시키는 것이야말로 사실상 우리에게 필요한 마음의 정결함을 가져오는 믿음이다.

"한 시내가 있어 나뉘어 흘러 하나님의 성 곧 지존하신 이의 성소를 기쁘게 하도다"(시 46:4). 이 시냇물은 하나님과 어린 양의 보좌 아래서 흘러나와 수천 가지의 귀중한 약속이라는 수로를 통과하는데, 그런 단계를 거칠 때마다 "씻어 깨끗하게 하라"는 소리가 들려온다. 그리스도는 교회를 "물로 씻어 말씀으로 깨끗하게 하사 거룩하게"(엡 5:26) 하신다. 또한 우리에게는 "너희는 내가 일러준 말로 이미 깨끗하여졌으니"(요 15:3), "온몸이 깨끗하니라"(요 13:10)고 말씀하신다. 그렇다. 이미 우리는 그리스도의 보혈로 깨끗하게 되었다.

그리스도를 믿는 믿음

너희는 마음에 근심하지 말라. 하나님을 믿으니 또 나를 믿으라.
요한복음 14:1.

이제 막 제자들을 떠나려고 할 무렵 예수 그리스도께서는 고별강론(요 14-17장)을 통해 제자들에게 하나님께 의뢰할 때 온전한 확신을 하고 예수님 자신을 믿어야 한다고 가르치셨다. "내가 아버지안에 거하고 아버지께서 내 안에 계심을 믿으라. 그렇지 못하겠거든 행하는 그 일로 말미암아 나를 믿으라. 내가 진실로 진실로 너희에게 이르노니 나를 믿는 자는 내가 하는 일을 그도 할 것이요 또한 그보다 큰일도 하리니 이는 내가 아버지께로 감이라. 너희가 내 이름으로 무엇을 구하든지 내가 행하리니 이는 아버지로 하여금 아들로 말미암아 영광을 받으시게 하려 함이라. 내 이름으로 무엇이든지 내게 구하면 내가 행하리라"(요 14:11-14).

여기 이 땅에서 그리스도는 제자들에게 그분 자신을 충분히 드러내실 수 없으셨다. 그러나 천국에서는 하나님의 충만한 권능이 바로 그리스도의 권능이 될 것이며, 그분의 제자들 안에서, 그리고 제자들을 통하여 그분이 이 땅에서 행하셨던 것보다 훨씬 더 큰 일들을 행하실 것이다.

다른 무엇보다 먼저 이 믿음은 하나님 아버지와 연합을 이루시는 그리스도의 인격에 초점을 맞추어야 한다. 그러니까 지금까지 하나님께서 행하셨던 모든 일을 이제는 예수님도 행하실 수 있다는 온전한 확신이 있어야 했다. 그리스도의 신성은 우리 믿음이 의지해야 하는 반석이다. 우리와 같은 본성을 함께 나누어 가진 인자(人子)이신 그리스도는 실제로 참 하나님이시다. 심지어 신성한 능력이 죽음에서 부활하기까지 그리스도 안에서 역사하셨던 것과 마찬가지로, 또한 그리스도는 그분의 신성한 전능하심을 통하여 우리에게 필요한 모든 것을 이루기 위하여 우리 가운데서 역사하실 수 있는 분이다.

사랑하는 그리스도인이여, 하나님 아버지께 있는 것과 마찬가지로 그분의 신성한 전능하심 안에서 예수님을 경배하기 위하여 날마다 시간을 갖는다는 것이 얼마나 깊은 중요성을 띠는지를 깨닫지 못하겠는가? 그것은 필요한 모든 것을 이루기 위하여 당신 안에서 넉넉히 역사하시는 그리스도를 의지하도록 가르쳐줄 것이다. 이와 같은 믿음이 너무나 강하게 당신을 사로잡은 나머지 그리스도에 관한 모든 생각은 당신을 구원하고 성화시키며 온 힘을 다하여 능력을 부여하시는 전능한 구속자이신 그분의 임재에 대한 의식으로 가득 채워줄 것이다.

하나님의 자녀여, 이처럼 복되신 예수 그리스도 앞에 깊은 겸손함으로 무릎 꿇고 "나의 주님이시요 나의 하나님"(요 20:28)이신 그분을 경배하라. 전능한 하나님이신 그리스도께서 당신을 위하여, 당신 안에서, 당신을 통하여, 하나님께서 원하시는 모든 것과 당신에게 필요한 모든 것을 이루시리라는 확실한 믿음을 가질 때까지 그분과 시간을 가지라. 지금까지 당신이 알아 왔으며 사랑해 왔던 구세주께서 이전과는 전혀 다른 전능하신 하나님이 되도록 하라. 그분을 확신하면서 그분을 당신의 능력으로 삼아라.

마지막 날 밤에 나눈 고별인사에서 구세주 그리스도는 제자들의 삶 가운데 일어나는 모든 일이 단순히 그분을 믿는 것에 달려 있다고 말씀하셨다. 이와 같은 믿음을 통하여 제자들은 지금까지 그리스도께서 행하셨던 것보다 더 큰 일을 행하게 될 것이다. 마지막으로 말씀을 마무리하면서 그리스도는 다시 한번 이렇게 되풀이하셨다. "이것을 너희에게 이르는 것은 너희로 내 안에서 평안을 누리게 하려 함이라. 세상에서는 너희가 환난을 당하나 담대하라. 내가 세상을 이기었노라"(요 16:33). 우리에게 필요한 한 가지는 우리 안에서 역사하시는 그리스도의 강한 능력을 신뢰하는 직접적이고 명확하고 중단 없는 믿음이다.

사랑 안에 거하여 계명을 지키는 순종

내가 아버지의 계명을 지켜 그의 사랑 안에 거하는 것같이 너희도 내 계명을 지키면 내 사랑 안에 거하리라. 요한복음 15:10.

그리스도인들은 종종 이렇게 묻는다. "어떻게 내가 항상 그리스도 안에 거하면서 전적으로 그리스도를 위하여 살아갈 수 있을까요? 그것이 내가 정말 원하는 것이고, 간절한 기도 제목이긴 하지만 말이에요." 요한복음 15장 10절에서 주님은 매우 단순하면서도 굉장히 중요한 대답을 내놓고 계신다. "내 계명을 지켜라." 이것이 바로 그리스도 안에 거하는 유일하고도 가장 확실한 방식이자 가장 복된 방법이다. "내가 아버지의 계명을 지켜 그의 사랑 안에 거하는 것같이 너희도 내 계명을 지키면 내 사랑 안에 거하리라"(요 15:10). 사랑 넘치는 순종은 그분의 유쾌한 사랑으로 나아가는 지름길이다.

예수님은 마지막 날 밤에 사랑과 순종 사이의 이와 같은 관계에 관하여 말씀하셨다. 요한복음 14장에서 우리는 세 번씩이나 그와 같은 말씀을 발견하게 된다. "너희가 나를 사랑하면 나의 계명을 지키리라"(15절). "나의 계명을 지키는 자라야 나를 사랑하는 자니 나를 사랑하는 자는 내 아버지께 사랑을 받을 것이요 나도 그를 사랑하여 그에게 나를 나타내리라"(21절). "사람이 나를 사랑하면 내 말을 지키리니 내 아버지께서 그를 사랑하실 것이요 우리가 그에게 가서 거처를 그와 함께하리라"(23절).

요한복음 15장에는 세 가지 사례가 더 등장한다. "너희가 내 안에 거하고 내 말이 너희 안에 거하면 무엇이든지 원하는 대로 구하라. 그리하면 이루리라"(7절). "내가 아버지의 계명을 지켜 그의 사랑 안에 거하는 것같이 너희도 내 계명을 지키면 내 사랑 안에 거하리라"(10절). "너희는 내가 명하는 대로 행하면 곧 나의 친구라"(14절).

모두 여섯 번이나 우리 주님은 사랑의 순종에 수반되는 엄청난 축복에 관한 약속과 계명을 지키는 것을 서로 밀접하게 관련시키셨다. 그 축복이란 다름 아닌 우리 마음속에 성부와 성자께서 머물러 계시는 것이다. 주님의 계명을 지키는 사랑이야말로 그분의 사랑 안에 거하는 유일한 방법이다. 그리스도와 우리의 관계 속에서 사랑은 전부이자 모든 것이다. 우리를 향한 그리스도의 사랑과 그리스도를 향한 우리의 사랑은 동료 그리스도인을 향한 우리의 사랑 안에서 증명되어야 한다.

얼마나 많은 성도가 여전히 이 가르침을 받아들이지 않고 있단 말인가! 어떤 그리스도인은 아예 그것이 불가능하다고 생각한다. 이

들은 하나님의 은혜를 통하여 우리가 죄를 멀리할 수 있다고 믿지 않는다. 또한 이 사람들은 "또 내 영을 너희 속에 두어 너희로 내 율례를 행하게 하리니 너희가 내 규례를 지켜 행할지라"(겔 36:27)는 새 언약의 약속을 믿지 않는다. 그리스도께 전적으로 순복하면서 자신을 온전히 내드리는 심령에 그리스도께서 우리 능력의 범위를 훨씬 벗어나는 일을 도대체 어떻게 가능하게 하시는지를 이 사람들은 아무런 생각이 없다. 곧 그분을 사랑하고, 그분의 계명을 지키며, 그분의 사랑 안에 거하는 일 따위에 관해서 말이다.

우리 안에 계신 그리스도의 생명으로 말미암아 허락된 능력으로서 성령의 놀라운 약속은 우리가 정말로 그분을 사랑하고 그분의 말씀을 지키겠다는 서약을 통하여 보증된다. 이것은 그리스도 안에 거하며, 그리스도와 하나님께서 우리 안에 거하도록 하고, 우리가 행하는 모든 일에 하나님의 축복이 임하도록 효과적으로 기도하기 위한 커다란 비밀이다.

믿음으로 살아가는 삶

내가 그리스도와 함께 십자가에 못 박혔나니 그런즉 이제는 내가 사는 것이 아니요. 오직 내 안에 그리스도께서 사시는 것이라. 갈라디아서 2:20.

만일 우리가 바울에게 "인생을 살아가면서 당신이 감당해야 하는 몫은 무엇인가요?"라고 묻는다면, 바울은 "이제 내가 육체 가운데 사는 것은 나를 사랑하사 나를 위하여 자기 자신을 버리신 하나님의 아들을 믿는 믿음 안에서 사는 것이라"(갈 2:20)고 대답할 것이다. 날마다, 그리고 온종일 바울이 살아가는 모든 삶은 바울을 위하여 모든 것을 아낌없이 바친 놀라운 사랑 안에서 끊임없이 샘솟는 믿음의 삶이었다. 믿음은 바울의 전 존재와 모든 행위를 사로잡고 거기에 스며들어 있는 능력이었다.

여기 우리에게 참된 그리스도인의 삶을 살아가는 비결 가운데 아주 간단하면서도 충분한 진술이 있다. 단지 그리스도께 받은 어떤 특정한 하나님의 약속이나 특정한 축복에만 기대는 것은 믿음이 아니다. 그리스도께서 각 영혼에 모든 생명이 되고, 하루하루 모든 순간을 포함한 전부가 되도록 그분 자신을 어떻게 전적으로 내주시는지를 올바로 바라보는 것이 바로 믿음이다. 우리가 육체의 생명을 유지하기 위해서는 지속해서 호흡이 필요한 것과 마찬가지로 각 영혼이 그리스도를 신뢰하여 우리 안에 성령의 생명을 유지하기 위해서는 그분을 의지하는 끊임없는 믿음이 꼭 필요하다.

믿음은 항상 그리스도의 무한한 사랑에 의지하게 되는데, 그 사랑 안에서 그리스도는 전적으로 우리의 소유가 될 뿐만 아니라 우리 안에서 거듭 되풀이하여 그분의 생명이 살아 있도록 완전히 그분 자신을 내주신다. "만물 안에서 만물을 충만하게 하시는"(엡 1:23) 분의 신성한 편재하심 덕분에 그리스도는 만물에 드러내시는 자기 모습을 각자에게 드러내시게 된다.

그분은 완전하고 온전하신 구세주이자 영속적인 친구로서 우리 안에서, 그리고 우리를 위하여 우리 생명을 책임지는 동시에 유지해 주시는 분이다. 마치 그분께서 우리 각자 안에 살아계시는 유일한 존재인 것처럼 말이다. 하나님 아버지께서 참으로 그리스도 안에 살아계셔서 일하시는 모든 일을 그리스도 안에서 행하신 것처럼 그리스도 역시 우리 안에 살아계셔서 역사하실 것이다.

우리 믿음이 하나님의 거룩하신 성령께 인도받아 가르침을 받을 때 우리는 그리스도의 전능하심과 편재하심을 너무나 강하게 확신한 나머지 이와 같은 지속적인 확신을 우리 마음속 깊은 곳에서 온종일 간직할 수 있게 된다. "나를 사랑하셔서 나를 위하여 그분 자신을 내주신 분께서 내 안에 살아계시며, 그분이 내 생명과 내 전부가 되신다." "내게 능력 주시는 자 안에서 내가 모든 것을 할 수 있느니라"(빌 4:13).

"오, 사랑과 은혜가 풍성하신 주여! 하나님께서 그리스도와 우리 사이를 묶어주는 절대 분리될 수 없는 하나 됨을 우리에게 계시해 주셔서, 이로 말미암아 그리스도의 임재에 관한 의식이 우리 존재에 대한 인식만큼이나 우리 안에서 자연스러워지게 하소서!"

온전한 성별과 그리스도를 아는 지식

그러나 무엇이든지 내게 유익하던 것을 내가 그리스도를 위하여 다 해로 여길뿐더러 또한 모든 것을 해로 여김은 내 주 그리스도 예수를 아는 지식이 가장 고상하기 때문이라. 내가 그를 위하여 모든 것을 잃어버리고 배설물로 여김은 그리스도를 얻고 그 안에서 발견되려 함이니 내가 가진 의는 율법에서 난 것이 아니요 오직 그리스도를 믿음으로 말미암은 것이니 곧 믿음으로 하나님께로부터 난 의라. 빌립보서 3:7-9.

그리스도께서 마지막 날 밤 제자들에게 하셨던 약속을 공부하다 보면 한 가지 질문이 떠오른다. "하늘에서 내려오는 성령으로부터 세례를 받을 수 있을 정도로 고귀한 영광을 받을 만큼 이 사람들을 가치 있게 만든 것이 도대체 무엇이란 말인가?" 그 대답은 간단하다. 그리스도께서 제자들을 부르셨을 때 제자들은 모든 것을 버려두고 따랐다. 제자들은 심지어 자기 생명을 미워하기까지 자기 자신을 부인했으며 그분의 계명에 순종하기까지 자기 자신을 내놓았다.

제자들은 갈보리까지 주님을 따랐으며 갈보리의 고통과 죽음 한 가운데서도 제자들의 마음은 오직 주님께만 고정되어 있었다. 제자들이 부활의 생명 안에서 누려야 할 자기 몫을 기꺼이 받아들이도록 준비시켰던 것도 바로 이런 것들이었으며, 그리하여 제자들은 성령으로 충만해질 준비를 하게 되었다. 그것은 마치 그리스도께서 영광 가운데 계신 하나님 아버지로부터 성령의 충만하심을 받았을 때와 마찬가지였다.

그리스도께서 하나님께 드릴 온전한 희생제물로서 모든 것을 희생하셔야 했던 것처럼 아브라함, 야곱, 요셉에서부터 예수님의 열두 제자와 오늘날의 제자들에게 이르기까지 예수님의 모든 백성은 하나님의 인도하심을 따르기 위하여 모든 것을 포기해야 했다. 그리고 하나님께 성별된 삶을 살아가야 했다. 그 사람들을 통하여 신성한 능력이 하나님의 목적을 성취할 수 있을 때까지 말이다.

사도 바울 역시 그와 마찬가지였다. "내 주 그리스도 예수를 아는 지식이 가장 고상하므로 모든 것을 해로 여기는" 것은 바울의 삶에서 가장 중요한 기조였다. 만약 우리가 그분의 부활하신 능력을 충분히 공유하려 한다면 우리도 그렇게 해야 한다. 그러나 우리가 세상으로부터 완전히 구속되어 오직 전적으로 하나님과 그분의 사랑을 위해서만 살아가야 한다는 사실을 얼마나 많이 이해하지 못하고 있는지 모른다.

밭에서 보화를 발견한 상인이 그 밭을 사기 위하여 모든 것을 팔아야 했던 것처럼, 만약 우리가 성령의 권능을 통하여 그분의 승리를 실제로 함께 맛보려 한다면 그리스도는 우리에게 온 마음, 모든 생명, 온 힘을 다 요구하실 것이다. 이런 하나님 나라의 법칙은 영원히 변하지 않는다. "모든 것을 해로 여김은 내 주 그리스도 예수를 아는 지식이 가장 고상하기 때문이라."

제자들은 오순절을 준비하기 위하여 그리스도와 함께 여러 해를 보내야 했다. 그리고 지금 그리스도는 우리에게 그분 자신과 가장 친밀하게 연합하는 가운데 날마다 동행하라고, 쉬지 말고 그분 안에 거하라고, 그리하여 자기 자신이 아니라 전적으로 그분께 속한 사람처럼 살아가라고 요구하신다. 이처럼 전적인 순종의 삶을 통하여 우리는 성령의 충만하심으로 나아가는 길을 발견하게 된다.

믿음 안에서 그러한 삶이 당신에게 필요하다고 담대하게 믿으라. 당신의 마음속에 있는 뜨거운 갈망이 이것 외의 다른 어떤 것에도 다다르지 않도록 하라. 온 마음을 다하여 당신의 구세주이신 예수 그리스도를 사랑하라. "그러나 이 모든 일에 우리를 사랑하시는 이로 말미암아 우리가 넉넉히 이기느니라"(롬 8:37).

능력이 지극히 크신 분

내가 기도할 때에 기억하며 너희로 말미암아 감사하기를 그치지 아니하고 우리 주 예수 그리스도의 하나님 영광의 아버지께서 지혜와 계시의 영을 너희에게 주사 하나님을 알게 하시고 너희 마음의 눈을 밝히사 그의 부르심의 소망이 무엇이며 성도 안에서 그 기업의 영광의 풍성함이 무엇이며 그의 힘의 위력으로 역사하심을 따라 믿는 우리에게 베푸신 능력의 지극히 크심이 어

떠한 것을 너희로 알게 하시기를 구하노라. 그의 능력이 그리스
도 안에서 역사하사 죽은 자들 가운데서 다시 살리시고. 에베소
서 1:16-20.

우리 믿음을 크고 강하며 담대하게 만들어 줄 만한 엄청난 성경
말씀 가운데 하나가 바로 여기에 있다. 사도 바울은 성령께 택함을
받은 사람들에게 편지를 쓰고 있었다. 그래서 바울은 그 사람들이
성령에 대해 밝히 깨달아 그 안에서 일하고 계시는 하나님의 강한
능력을 제대로 알 수 있도록 끊임없이 기도해야 할 간절한 필요성을
느꼈다. 하나님께서 그리스도를 죽음에서 일으키신 것도 바로 이와
같은 능력, 곧 그분의 강한 힘에서 비롯되었다.

그리스도는 온 세상의 죄와 저주를 짊어지고 나무에 달려 돌아
가셨다. 그리스도께서 무덤으로 들어가셨을 때 겉으로 보기에는 그
분을 완전히 지배한 것 같았던 모든 죄의 무게와 죽음의 권세 아래
로 들어가신 것처럼 보였다. 그러나 하나님은 그 인자를 무덤에서
일으키셨다. 그리고 하나님의 보좌로부터 흘러나오는 권능과 영광
으로 인도하셨다. 이것이야말로 하나님께서 얼마나 크신 능력의 원
천인지를 말해준다.

그런데 이제 우리가 성령의 가르치심으로 말미암아 그분께서 우
리의 삶 가운데 날마다 일하고 계신다는 사실을 알게 되는 것은 "믿
는 우리에게 베푸신 능력의 지극히 크심" 안에 있는 그와 같은 능력
이다. "나는 여호와요 모든 육체의 하나님이라. 내게 할 수 없는 일

이 있겠느냐"(렘 32:27)라고 예레미야에게 말씀하신 하나님께서 예레미야뿐만 아니라 예수 그리스도 안에서 행하신 일을 우리 마음속에서 매 순간 행하신다는 사실과 우리가 그분을 신뢰하는 법을 배우기만 한다면 그 일을 완성하시겠다고 보증하신다.

다시 살아나셔서 높임을 받으신 그리스도께서 우리의 생명과 힘으로서 우리 마음속에 그분 자신을 계시하실 수 있는 것은 바로 이와 같은 전능하신 능력 때문이다. 얼마나 많은 그리스도인이 이것을 믿지 못하고 있는가! 하나님께 부르짖어라. 우리 안에서 역사하시는 이와 같은 부활의 능력이 "지극히 크심"을 우리가 성령님께 요청할 수 있도록 도와주시는 하나님을 신뢰하라.

우리 주변의 모든 성도와 온 교회를 위하여 특별히 기도하여 그 사람들이 자신 안에서 역사하시는 하나님의 전능하신 부활의 능력을 보는 놀라운 비전에 대해 눈을 뜰 수 있도록 하라. 그리고 이처럼 바울과 같은 사역자들이 수고하며 섬기는 사람들을 위하여 지속해서 중보하는 문제를 중요하게 인식하도록 만들라. 그것이 이 사람들의 사역에 얼마나 커다란 차이를 나타내겠는가! 성령께서 계속 자신에게 머물러 있으면서 역사하는 그와 같은 능력을 계시해달라고 쉬지 말고 기도하라.

그리스도인의 완전

양들의 큰 목자이신 우리 주 예수를 영원한 언약의 피로 죽은 자 가운데서 이끌어내신 평강의 하나님이 모든 선한 일에 너희를 온전하게 하사 자기 뜻을 행하게 하시고 그 앞에 즐거운 것을 예수 그리스도로 말미암아 우리 가운데서 이루시기를 원하노라. 영광이 그에게 세세무궁토록 있을지어다. 아멘. 히브리서 13:20-21.

독자들이여, 크고 강한 믿음을 소유할 수 있도록 마음의 준비를 단단히 하라. 하늘이 땅보다 높음같이 인간적인 모든 생각보다 훨씬 더 높은 하나님의 약속 가운데 하나를 단단히 붙잡아라. "이는 하늘이 땅보다 높음같이 내 길은 너희의 길보다 높으며 내 생각은 너희의 생각보다 높음이니라"(사 55:9).

히브리서에 따르면 "새 언약의 중보자"(히 9:15)이신 우리 대제사장 예수 그리스도께서 그분의 보혈을 흘림으로써 우리를 위하여 행하신 영원한 구속의 놀라운 본보기가 우리에게 있다. 히브리서 기자는 이와 같은 축도로써 전체적인 논증과 더불어 깊은 영적인 가르침을 모두 마무리하였다. "평강의 하나님이 모든 선한 일에 너희를 온전하게 하사 자기 뜻을 행하게 하시고." 여기에 모든 것이 포함되어 있지 않는단 말인가? 우리가 이보다 더 많은 것을 바랄 수 있겠는가? 물론이다. "그 앞에 즐거운 것을 예수 그리스도로 말미암아 우리 가운데서 이루시기를 원하노라."

여기에 담긴 가장 커다란 생각은 그리스도께서 우리를 구속하기 위해 성취하셨던 모든 일, 그리고 하나님께서 그리스도를 죽음에서 다시 일으키기 위하여 행하셨던 모든 일이 단 한 가지 목적을 가지고 이루어졌다는 사실이다. 곧 하나님은 그리스도로 말미암아 가능해진 영원한 구속이 우리 안에서 효력을 발휘하도록 도와주실 여지를 훨씬 더 많이 확보하려는 목적을 가지고 계셨다. 전능자 하나님은 친히 우리를 "모든 선한 일에 온전하게 하실" 것이다. 그래서 만약 우리가 그것이 어떤 식으로 이루어질 것인지 알고 싶다면 여기에 그 대답이 있다. 우리 안에서 그분의 역사하심으로 말미암아 "그 앞에 즐거운 것을 예수 그리스도로 말미암아 우리 가운데서 이루시기를 원하노라."

그리스도 안에서 이루어지는 구원의 완전성과 그분을 따르라는 부르심에 관한 모든 가르침은 여기서 그 정점에 도달한다. 곧 하나님께서 친히 그분 자신을 진정으로 신뢰하는 사람을 전적으로 책임지시기 때문에 예수 그리스도로 말미암아 "그 앞에 즐거운" 모든 것을 행하신다고 충분히 확신할 수 있다.

이 생각은 너무나 높다. 이 약속은 너무나 크다. 그래서 우리는 감히 그와 같은 생각과 약속을 쉽사리 품을 수 없다. 그러나 거기에는 우리의 믿음이 요구되며 그것은 우리의 믿음을 촉진시킨다. 그것은 우리에게 영원하신 하나님께서 "예수 그리스도로 말미암아" 날마다, 매시간, 매 순간 우리 안에서 역사하고 계신다는 한 가지 진리를 단단히 붙잡으라고 요구하신다. 우리에게는 해야 할 일이 단 한 가지밖에 존재하지 않는다. 곧 하나님께서 일하시도록 그분의 손에 자신을 완전히 내맡기는 것이다. 우리가 직접 일함으로써 그분을 방해하는 게 아니라 하나님께서 친히 예수 그리스도로 말미암아 "그 앞에 즐거운" 모든 것을 행하시리라고 확신하면서 조용히 경배하는 믿음 안에 거하는 것 말이다.

죄를 짓지 말라

주를 향하여 이 소망을 가진 자마다 그의 깨끗하심과 같이 자기를 깨끗하게 하느니라. 죄를 짓는 자마다 불법을 행하나니 죄는 불법이라. 그가 우리 죄를 없애려고 나타나신 것을 너희가 아나니 그에게는 죄가 없느니라. 그 안에 거하는 자마다 범죄하지 아니하나니 범죄하는 자마다 그를 보지도 못하였고 그를 알지도 못하였느니라. 요한일서 3:3-6.

요한은 마지막 날 밤에 그리스도께서 자신 안에 머물러 있으라고 말씀하신 것을 자기 마음과 삶 속에 깊이 새겨두고 있었다. 우리 주님께서 그분의 사랑 안에 거하면서 하나님 아버지와 아들의 내주하심을 받는 방법으로써 그분을 사랑하고 그분의 계명을 지키라는 말씀을 왜 여섯 번씩이나 당부하셨는지 생생하게 기억하고 있었다.

"그의 안에 산다고 하는 자는 그가 행하시는 대로 자기도 행할지니라"(요일 2:6).

"너희는 처음부터 들은 것을 너희 안에 거하게 하라. 처음부터 들은 것이 너희 안에 거하면 너희가 아들과 아버지 안에 거하리라"(요일 2:24).

"그 안에 거하는 자마다 범죄하지 아니하나니 범죄하는 자마다 그를 보지도 못하였고 그를 알지도 못하였느니라"(요일 3:6).

"그의 계명을 지키는 자는 주 안에 거하고 주는 그의 안에 거하시나니 우리에게 주신 성령으로 말미암아 그가 우리 안에 거하시는 줄을 우리가 아느니라"(요일 3:24).

"그의 성령을 우리에게 주시므로 우리가 그 안에 거하고 그가 우리 안에 거하시는 줄을 아느니라"(요일 4:13).

"하나님이 우리를 사랑하시는 사랑을 우리가 알고 믿었노니 하나님은 사랑이시라. 사랑 안에 거하는 자는 하나님 안에 거하고 하나님도 그의 안에 거하시느니라"(요일 4:16).

그러므로 그리스도 안에 거한다는 것은 사도 요한이 말년에 기록한 이 서신에서 가장 중요한 약속 가운데 하나로 자리 잡고 있다.

또한 요한은 요한일서 3장 3~6절의 말씀에서 어떻게 우리가 죄를 짓지 않을 수 있는지를 가르쳐준다. "그 안에 거하는 자마다 범죄하지 아니하나니"(요일 3:6). 우리 본성 안에는 여전히 죄가 자리 잡고 있지만 아무런 죄도 없으신 그리스도 안에 거함으로써 우리는 사실상 죄의 권세로부터 자유로워져서 날마다 하나님을 기쁘하게 하는 삶을 살 수 있게 된다. 성경은 그리스도께서 하나님 아버지에 관하여 "나를 보내신 이가 나와 함께 하시도다. 나는 항상 그가 기뻐하시는 일을 행하므로 나를 혼자 두지 아니하셨느니라"(요 8:29)고 말한다. 그래서 요한은 나중에 자신의 서신에서 이렇게 기록하였다. "사랑하는 자들아 만일 우리 마음이 우리를 책망할 것이 없으면 하나님 앞에서 담대함을 얻고 무엇이든지 구하는 바를 그에게서 받나니 이는 우리가 그의 계명을 지키고 그 앞에서 기뻐하시는 것을 행함이라"(요일 3:21-22).

죄의 권세에서 벗어나기를 갈망하는 영혼들이여, 이처럼 단순하나 중대한 말씀을 단단히 붙잡도록 하라. "그에게는 죄가 없느니라"(요일 3:5). 그리고 "우리를 너희와 함께 그리스도 안에서 굳건하게 하시고 우리에게 기름을 부으신 이는 하나님이시니"(고후 1:21). 자신에게 아무런 죄가 없으신 분 안에 거하려고 노력할 때 그리스도는 성령의 능력으로 말미암아 당신 안에서 사실상 그분 자신의 삶을 살아가게 될 것이다. 그리고 당신이 항상 그분께서 보시기에 기뻐하는 것들을 행하는 삶을 살도록 준비시켜 줄 것이다.

사랑하는 하나님의 자녀여, 당신은 하나님의 전능하신 능력 안에 있는 믿음, 강하고 지속적이고 흔들리지 않는 커다란 믿음이 유일한 소망인 삶을 살도록 부르심을 받았다. 그러므로 그분의 뜻을 행하기 위하여 "모든 선한 일"(히 13:21)에 당신을 온전하게 하시는 평강의 하나님께로 날마다 나아가야 한다. 그러면 그분을 간절히 기다리면서 갈망하는 사람들 안에서 실제로 역사하시는 하나님의 모습을 경험하게 될 것이다. "기다리는 자들에게나 구하는 영혼들에게 여호와는 선하시도다"(애 3:25).

"그 안에 거하는 자마다 범죄하지 아니하나니." 이 약속은 너무나 확실한 것이다. 전능하신 하나님께서 그 앞에 즐거운 것을 예수 그리스도로 말미암아 우리 가운데서 이루시겠다고 약속하셨다. "양들의 큰 목자이신 우리 주 예수를 영원한 언약의 피로 죽은 자 가운데서 이끌어내신 평강의 하나님이 모든 선한 일에 너희를 온전하게 하사 자기 뜻을 행하게 하시고 그 앞에 즐거운 것을 예수 그리스도로 말미암아 우리 가운데서 이루시기를 원하노라. 영광이 그에게 세세 무궁토록 있을지어다. 아멘"(히 13:20-21). 이 믿음을 가지고 그분 안에 거하라.

세상을 이기라

예수께서 하나님의 아들이심을 믿는 자가 아니면 세상을 이기는 자가 누구냐. 요한일서 5:5.

예수 그리스도는 그분을 미워하는 세상에 대하여 이처럼 강하게 말씀하셨다. 그리스도의 나라와 이 세상의 나라는 서로 극심한 적대감을 드러냈다. 요한은 그 교훈을 이해하고 있었으며, 그리하여 이러한 말씀으로 그것을 요약했다. "또 아는 것은 우리는 하나님께 속하고 온 세상은 악한 자 안에 처한 것이며"(요일 5:19). "이 세상이나 세상에 있는 것들을 사랑하지 말라. 누구든지 세상을 사랑하면 아버지의 사랑이 그 안에 있지 아니하니"(요일 2:15).

또한 요한은 이 세상의 본질과 권세에 관하여 우리에게 가르쳐 주었다. 곧 자기만족을 추구하는 '육신의 정욕'과 세상 영광을 추구하는 '안목의 정욕'과 자기를 높이는 '이생의 자랑'이다(요일 2:16). 에덴동산의 하와에게조차도 이러한 세 가지 특징적인 표지가 나타났다. "여자가 그 나무를 본즉 먹음직도 하고 보암직도 하고 지혜롭게 할 만큼 탐스럽기도 한 나무인지라. 여자가 그 열매를 따 먹고 자기와 함께 있는 남편에게도 주매 그도 먹은지라"(창 3:6). 육신과 안목과 이생의 자랑을 통하여 온 세상은 하와와 우리에게서 승리를 거두었다.

세상은 여전히 그리스도 안에서 자신이 세상에 대하여 십자가에 못 박혔다는 사실을 깨닫지 못하고 있는 그리스도인을 향해 끔찍한 영향력을 발휘하고 있다. "그러나 내게는 우리 주 예수 그리스도의 십자가 외에 결코 자랑할 것이 없으니 그리스도로 말미암아 세상이 나를 대하여 십자가에 못 박히고 내가 또한 세상을 대하여 그러하니라"(갈 6:14). 이 세상이 휘두르는 권세는 먹고 마시는 것을 즐기는 데서, 자기 영광이 드러나는 것을 기뻐하는 데서, 이생의 자랑에 포함되는 모든 것에서 그 실체를 증명하고 있다. 그리스도인 대다수는 세속적인 영의 위험성에 대해 철저히 무지하거나, 아니면 그것을 이겨내기에는 철저히 무기력하다고 느끼고 있다.

그리스도는 "이것을 너희에게 이르는 것은 너희로 내 안에서 평안을 누리게 하려 함이라. 세상에서는 너희가 환난을 당하나 담대하라. 내가 세상을 이기었노라"(요 16:33)고 우리에게 중대한 약속을 남겨주셨다. 하나님의 자녀가 그리스도 안에 거하면서 성령의 권능 안에서 천상의 삶을 살기 위하여 노력할 때 그 사람은 세상을 이기기 위하여 자신에게 허락된 권능에 자신 있게 의지할 수 있다. "예수께서 하나님의 아들이심을 믿는 자가 아니면 세상을 이기는 자가 누구냐"(요일 5:5). 이것이 바로 세상과 온갖 은밀하고 미묘한 유혹에 대하여 날마다, 시간마다, 순간마다 승리를 거두는 비결이다.

"내가 그리스도와 함께 십자가에 못 박혔나니 그런즉 이제는 내가 사는 것이 아니요. 오직 내 안에 그리스도께서 사시는 것이라. 이제 내가 육체 가운데 사는 것은… 나를 위하여 자기 자신을 버리신 하나님의 아들을 믿는 믿음 안에서 사는 것이라"(갈 2:20). 그러나 항상 승리자의 자세를 유지하기 위해서는 예수 그리스도를 믿는 믿음에 완전히 사로잡힌 마음과 삶이 필요하다.

사랑하는 동료 성도여, 믿음이 세상에 대하여 거두는 승리를 전심으로 믿고 있는지 스스로 자문하는 시간을 가지라. 확실하고 지속적인 승리를 거둘 수 있는 유일한 보증으로서 하나님의 강한 능력을, 우리 안에 거하시는 예수 그리스도의 영속적인 임재를 신뢰하도록 하라. "예수께서 이르시되 나는 부활이요 생명이니 나를 믿는 자는 죽어도 살겠고 무릇 살아서 나를 믿는 자는 영원히 죽지 아니하리니 이것을 네가 믿느냐"(요 11:25-26).

주를 향하여 이 소망을 가진 자마다 그의 깨끗하심과 같이 자기를 깨끗하게 하느니라. 죄를 짓는 자마다 불법을 행하나니 죄는 불법이라. 그가 우리 죄를 없애려고 나타나신 것을 너희가 아나니 그에게는 죄가 없느니라. 그 안에 거하는 자마다 범죄하지 아니하나니 범죄하는 자마다 그를 보지도 못하였고 그를 알지도 못하였느니라. 요한일서 3:3-6.

：
：

날마다
주님의 임재를
경험하려면

세상 끝날까지 함께하는 영속적인 임재

볼지어다. 내가 세상 끝날까지 너희와 항상 함께 있으리라. 마태
복음 28:20.

우리 주님은 지상에 계셨을 때 열두 제자를 세우셨다. 이것은
"이는 자기와 함께 있게 하시고 또 보내사 전도도 하며 귀신을 내쫓
는 권능도 가지게 하려 하심이러라"(막 3:14-15)는 이유 때문이었
다. 예수님은 제자들과 교제하는 삶을 통하여 말씀 전파 사역을 담
당할 수 있도록 제자들을 충분히 준비시키셨다.

이와 같은 엄청난 소명이 있다는 사실을 깊이 인식한 나머지 그
리스도께서 하나님 아버지께로 가시기 위하여 제자들을 떠나야 한
다고 말씀하셨을 때 제자들은 엄청난 슬픔에 빠졌다. 그리스도의 임

재는 이제 제자들에게 없어서는 안 될 필수 요소가 되었기 때문에 그분 없이 살아간다는 것은 감히 상상조차 할 수 없었다.

하지만 그리스도는 제자들을 안심시키기 위하여 제자들에게 성령을 보내주시겠다고 약속하셨다. 그러니까 제자들이 이 땅에서 알았던 것보다 훨씬 더 깊고 친숙한 의미에서 하늘에 계신 그리스도를 대신하여 성령을 가질 수 있다는 확신을 주셨다. 그래서 제자들이 처음으로 부르심을 받았을 때 예수님과 함께 있었던 것처럼 예수님이 승천하신 이후에도 처음 모습 그대로 제자들과 함께하시겠다는 것이었다.

그리스도께서 "그러므로 너희는 가서 모든 민족을 제자로 삼아 아버지와 아들과 성령의 이름으로 세례를 베풀고 내가 너희에게 분부한 모든 것을 가르쳐 지키게 하라"(마 28:19-20)고 제자들에게 지상 위임명령을 내리셨을 때, 그분은 마지막에 "볼지어다. 내가 세상 끝날까지 너희와 항상 함께 있으리라"는 약속의 말씀을 덧붙이셨다.

열두 제자가 그랬던 것과 마찬가지로 이 원리는 모든 시대의 모든 그리스도의 종에게 지속해서 효력이 있다. 항상 자신과 함께 거하시는 그리스도의 임재에 관한 경험이 없었다면 제자들이 전파하는 말씀에는 아무런 능력도 나타나지 않았을 것이다. 제자들에게서 권능이 나타나는 비결은 예수 그리스도께서 매 순간 자신들과 함께 계셔서 영감을 불어넣고 인도하시며 자신들을 강하게 하신다는 살아 있는 증거에 있는 것이었다.

제자들에게 그리스도를 대적하는 자들 가운데서도 십자가에 달리신 주님을 아주 담대하게 전파하도록 했던 것도 바로 이와 같은 실재 때문이었다. 제자들은 단 한순간도 그리스도께서 육신적으로 떠나게 되었다는 사실에 대해 전혀 두려워하지 않았다. 오히려 제자들은 성령의 신적 권능을 통하여 자신들과 함께 계신 주님, 자신들 안에 계신 주님을 소유하고 있다는 확신으로 기뻐하였다.

사역자와 선교사들의 온갖 사역 안에서 모든 것은 살아 있는 믿음을 통하여 그분의 종들과 함께 계시는 주님의 영속적인 임재에 대한 깨달음에 달려 있다. 예수 그리스도의 임재에 대한 살아 있는 경험은 복음을 전파하는 데 있어서 본질적인 요소이다. 만약 이것이 흐리멍덩하다면 우리 사역은 천상의 생명력으로 말미암은 선선함과 능력을 상실한 채 단지 인간적인 노력에 지나지 않게 될 것이다. 그러니까 우리 주님의 발아래로 돌아가는 것 이외에는 다른 어떤 것도 그와 같은 권능과 축복을 돌이킬 수 없다. 그렇다면 우리 주님께서 신적인 능력으로 "볼지어다. 내가 세상 끝날까지 너희와 항상 함께 있으리라"는 그분의 복된 말씀을 각 심령에 불어넣을 수 없을 것이다.

그리스도의 전능하심

하늘과 땅의 모든 권세를 내게 주셨으니. 마태복음 28:18.

제자들에게 지상 위임명령을 주셔서 모든 족속에게 그분의 복음을 전하는 것을 목표로 삼는 위대한 세계 정복을 시작하시기 전에, 그리스도는 먼저 전능하신 하나님의 동반자로서 그분의 신성한 능력을 통하여 그분 자신을 계시해 주셨다. 제자들이 아주 단순하고 담대하게 사역을 감당할 수 있었던 것은 바로 이에 관한 믿음 덕분이었다. 제자들은 죄와 죽음을 정복하신 강한 부활의 능력을 통하여 그리스도를 제대로 알기 시작했다.

"세상을 이기는 승리"(요일 5:4)에 동참하길 원하는 예수 그리스도의 모든 제자에게는 시간, 믿음, 그리고 성령이 필요하다. 이러한 것들은 너무나 절실하기에 그 제자들은 전능하신 예수 그리스도의 종으로서 그 일에 나름대로 공헌해야 한다는 전적인 확신 가운데로 나아갈 수 있게 된다. 그 제자들은 날마다 "주 안에서와 그 힘의 능력으로 강건"(엡 6:10)해지는 경험에 의존해야 한다. 하나님의 약속은 우리에게 아무런 주저 없이 그분의 명령에 순종하는 용기를 제공한다.

여기 이 땅에서 예수 그리스도의 능력에 대하여 제자들이 배웠던 것을 다시 한번 생각해 보라. 그러나 그것은 우리 주님께서 제자들 안에서, 그리고 제자들을 통하여 지금 행하셔야 하는 더 큰 일과 비교할 때 너무나 적은 것이었다. "내가 진실로 진실로 너희에게 이르노니 나를 믿는 자는 내가 하는 일을 그도 할 것이요 또한 그보다 큰일도 하리니 이는 내가 아버지께로 감이라"(요 14:12).

그리스도는 전능하신 하나님의 능력으로, 심지어 그분의 종 중에서 가장 연약한 자를 통해서도 일할 수 있는 권능을 갖고 계신다. 그분은 자신의 목적을 수행하기 위하여 제자들의 명백한 무기력함조차도 이용할 수 있는 능력을 갖고 계신다. 그분은 모든 대적을 이길 만한 능력, 모든 인간의 마음을 사로잡을 만한 능력, 온갖 어려움과 위험을 이겨낼 만한 능력을 갖고 계신다.

이 능력은 절대 우리의 것이 아니다. 그렇지만 살아계신 인격으로서 예수 그리스도께서 우리 마음과 생명 속에서 그분의 신성한 에너지로 머물러 계신다면 우리는 개인적인 간증을 통하여 말씀을 전하는 데서 이런 능력을 얼마든지 발휘할 수 있다. 사도 바울이 "이는 내가 약한 그때에 강함이라"(고후 12:10)고 이전에는 한번도 그렇게 말하는 법을 배워본 적이 없는 내용을 전할 수 있었던 것은, 바로 그리스도께서 바울에게 "내 은혜가 네게 족하도다. 이는 내 능력이 약한 데서 온전하여짐이라"(고후 12:9)고 말씀하셨을 때였다.

모든 권세를 그리스도께 주셨으며, 그리하여 시시각각으로 모든 권세를 그리스도로부터 받아야 한다는 사실을 확신하는 제자라면 "하늘과 땅의 모든 권세를 내게 주셨으니"(마 28:18)라는 이처럼 고귀한 말씀의 필요를 충분히 느낄 것이며, 그와 같은 말씀의 능력을 충분히 경험할 것이다.

그리스도의 편재하심

내가 반드시 너와 함께 있으리라. 출애굽기 3:12.

어떤 신을 상상하는 인간이 가장 먼저 품는 생각은 나름의 능력이 있긴 하지만 아무래도 제한적인 신이다. 왜냐하면 인간의 사고가 제한적이기 때문이다. 그와는 대조적으로 참 하나님에 대해 가장 먼저 떠오르는 생각은 그분의 전능하심이다. "나는 전능한 하나님이라"(창 35:11). 두 번째로 떠오르는 생각은 하나님의 편재하심이다. 하나님은 항상 그분의 종들에게 보이지 않는 그분의 임재하심에 대한 약속을 주셨다. "나는 네 아버지 아브라함의 하나님이니 두려워하지 말라"(창 26:24)는 말씀에 대해 하나님의 종들은 믿음으로 "내가 사망의 음침한 골짜기로 다닐지라도 해를 두려워하지 않을 것은 주께서 나와 함께 하심이라. 주의 지팡이와 막대기가 나를 안위하시나이다"(시 23:4)라고 반응했다.

그리스도께서 제자들에게 "하늘과 땅의 모든 권세를 내게 주셨으니"(마 28:18)라고 말씀하셨을 때 그 약속에는 곧장 "볼지어다. 내가 세상 끝날까지 너희와 항상 함께 있으리라"(마 28:20)는 말씀이 뒤따랐다. 이처럼 전능하신 그리스도는 확실히 편재하시는 분이다.

시편 기자는 하나님의 편재하심에 대하여 자신의 이해를 훨씬 뛰어넘는 것이라고 말했다. "이 지식이 내게 너무 기이하니 높아서 내가 능히 미치지 못하나이다"(시 139:6). 인자 예수 그리스도 안에 나타나는 하나님의 편재하심에 대한 계시는 이 신비를 훨씬 더 심오하게 만든다. 또한 그것은 이루 다 말로 표현할 수 없이 복된 능력과 기쁨으로써 이와 같은 임재를 우리가 담대하게 요구할 수 있도록 하는 은혜를 제공한다.

그러나 이와 같은 약속을 받았을 때 얼마나 많은 그리스도의 종이 그 안에 함축된 모든 의미를 제대로 이해할 수 있겠는가? 도대체 어떻게 그와 같은 약속을 자신의 일상적인 삶 속에서 경험할 수 있을 것으로 생각할 수 있겠는가?

다른 모든 영역에서와 마찬가지로 영성생활에서도 모든 것은 믿음에 달려 있다. 그리스도의 말씀을 신적인 실제로 기꺼이 받아들이느냐 아니냐에 달려 있다. 매 순간 그 말씀을 현실로 만드시는 성령을 신뢰하느냐 아니냐에 달려 있다.

그리스도께서 "항상"(마 28:20)이라고 말씀하셨을 때 이 말씀은 그러한 복된 임재가 우리와 함께하지 않는 날이 단 하루도 없다는 사실을 우리에게 확신시키려는 의도에서 말씀하신 것이다. 이제 그와 같은 임재는 날마다 온종일 우리 것이다. 그러한 임재가 우리 경험이 될 수 없는 때는 단 한순간도 있을 수 없다. 이것은 우리가 감당할 수 있는 어떤 일에 달린 것이 아니라 그리스도께서 그렇게 하시겠다고 단언하셨기 때문에 가능한 것이다.

전능하신 그리스도는 편재하시는 그리스도시다. 두루 편재하시는 그리스도는 영존하시는 분이다. 그리스도는 확실히 변하시지 않는 분인 만큼 영원한 생명의 능력으로서 그분의 임재는 그에 대해 그리스도를 신뢰하는 모든 종과 더불어 항상 함께 있을 것이다.

"여호와 앞에 잠잠하고 참고 기다리라"(시 37:7). "볼지어다. 내가 세상 끝날까지 너희와 항상 함께 있으리라"(마 28:20). 두루 편재하시는 그리스도를 믿는 당신의 믿음이 날마다, 순간마다 눈동자와 같이 당신을 지키신다는 고요한 확신 가운데 머물러 있도록 하라. 또한 그분을 섬기는 데 필요한 모든 빛과 능력을 확실하게 경험하면서 온전한 평화 가운데 거하도록 하라.

온 세상의 구세주이신 그리스도

이는 우리가 친히 듣고 그가 참으로 세상의 구주신 줄 앎이라.
요한복음 4:42.

전능하심과 편재하심은 하나님의 자연스러운 속성이다. 이 두 속성은 성결과 사랑이라는 하나님의 도덕적인 속성과 연결되는 동시에, 그로 말미암아 거기에 영감을 불어넣게 될 때라야 비로소 참된 가치를 발휘하게 된다. 우리 주님께서 "하늘과 땅의 모든 권세를 내게 주셨으니"(마 28:18)와 "볼지어다. 내가 세상 끝날까지 너희와 항상 함께 있으리라"(마 28:20)고 말씀하시면서 자신의 전능하심과 편재하심에 관하여 언급하셨을 때, 그분의 말씀은 무엇이 만유의 근본을 이루고 있는지를 지적하셨다. 곧 온 세상의 구세주와 온 인류의 구속자로서 그분의 신성한 영광이 바로 그것이다.

왜냐하면 예수 그리스도는 "근본 하나님의 본체시나 하나님과 동등함을 취할 것으로 여기지 아니하시고 오히려 자기를 비워 종의 형체를 가지사 사람들과 같이 되셨고 사람의 모양으로 나타나사 자기를 낮추시고 죽기까지 복종하셨으니 곧 십자가에 죽으심이라. 이러므로 하나님이 그를 지극히 높여 모든 이름 위에 뛰어난 이름을 주사…. 모든 입으로 예수 그리스도를 주라 시인하여 하나님 아버지께 영광을 돌리게"(빌 2:6-11) 하셨기 때문이다.

이 땅에 계셨을 때 그리스도께서 하나님의 속성을 함께 나누어 가지셨다는 것은 하나님의 뜻에 완전히 순종하여 행하셨던 사역과 더불어 온 인류의 구원을 위하여 행하셨던 완성된 구속 덕분이었다. 전능자와 편재자로서 그리스도께서 자신에 대해 말씀하셨던 것에 의미와 가치를 더하는 것도 바로 이것 덕분이었다.

이러한 두 가지 속성을 언급하는 사이에 우리 주님은 제자들에게 온 세상으로 나가서 복음을 전파하라고 명령하셨다. "그러므로 너희는 가서 모든 민족을 제자로 삼아 아버지와 아들과 성령의 이름으로 세례를 베풀고 내가 너희에게 분부한 모든 것을 가르쳐 지키게 하라"(마 28:19-20). 우리를 죄악에서 구원하여 지켜주시는 구속자로서, 자신이 명한 모든 것에 순종을 요구하시는 주님으로서 그리스도는 그분의 종들과 항상 함께하겠다는 신성한 임재를 약속하신다.

물론 그리스도의 종들이 모든 명령을 따르면서 그분께 순종하는 모습을 보여줄 때만 자신과 항상 함께하는 그분의 충만한 능력과 임재를 기대할 수 있게 된다. 그리스도의 종들이 우리 영혼을 죄악에서 구원하여 지켜주시는 그분의 능력에 대한 실재를 보여주는 살아 있는 증인으로 자리매김할 때만 우리 안에 거하시는 그분의 영속적인 임재를 충만하게 경험할 수 있게 된다.

그리고 그분께서 요구하시는 순종의 삶을 다른 사람에게 보여줄 만한 능력을 갖추게 된다. 그렇다. 죄악으로부터 하나님의 백성들을 구원하시는 분은 바로 예수님이시다. 주의 권능의 날에 즐거이 헌신하는 백성을 다스리는 분도 바로 그리스도시다.

"나의 하나님이여 내가 주의 뜻 행하기를 즐기오니 주의 법이 나의 심중에 있나이다"(시 40:8)라고 고백할 수 있도록 그 안에서 증거하시는 분도 바로 예수 그리스도시다. "볼지어다. 내가 세상 끝날까지 너희와 항상 함께 있으리라"(마 28:20)고 말씀하시는 분도 바로 예수 그리스도시다. 이 구세주께서 우리 안에 거하시는 영속적인 임재는 죄악에서 구속하시는 그분의 충만한 능력을 받아들이고, 말과 행동으로 이 놀라운 구세주가 누구인지에 관하여 전파하는 모든 사람에게 약속되어 있다.

십자가에 못 박히신 예수 그리스도

그러나 내게는 우리 주 예수 그리스도의 십자가 외에 결코 자랑할 것이 없으니 그리스도로 말미암아 세상이 나를 대하여 십자가에 못 박히고 내가 또한 세상을 대하여 그러하니라. 갈라디아서 6:14.

그리스도께서 가장 높이 영광을 받으시는 것은 그분의 십자가 위에서다. 그리스도께서 하나님 아버지를 영화롭게 하시며, 하나님 아버지께서 그리스도를 영화롭게 하시는 것도 바로 이곳이다. 또한 요한계시록 5장에서 그리스도께서 속죄함을 받은 자들, 천사들을 비롯한 모든 피조물의 경배를 받으시는 것도 바로 어린 양이 보좌 한가운데서 죽임을 당하시는 그때이다. 그리고 그분의 종들이 "그러나 내게는 우리 주 예수 그리스도의 십자가 외에 결코 자랑할 것이 없으니 그리스도로 말미암아 세상이 나를 대하여 십자가에 못 박히고 내가 또한 세상을 대하여 그러하니라"(갈 6:14)고 고백하는 법을 배웠던 것은 그리스도께서 십자가에 달리신 분이기 때문이다. 그러므로 그리스도께서 받으시는 최고의 영광이 바로 우리에게도 유일한 영광이 되어야 한다.

예수 그리스도께서 제자들에게 "볼지어다. 내가 세상 끝날까지 너희와 항상 함께 있으리라"(마 28:20)고 말씀하셨을 때 그분은 못 자국난 손과 발을 제자들에게 보여주셨던 분, 십자가에 달리신 분으로서 그렇게 약속하셨다. 그러므로 이 약속을 지키라고 요구하려는 사람은 날마다 자신과 함께 있겠다고 약속하고 제안하시는 분이 바로 십자가에 달리신 예수님이심을 깨달아야 한다.

그러나 흔히 우리는 세상에 대하여 못 박힌 십자가에서 영광을 찾지 못한다. 이것이 바로 우리가 그리스도께서 우리 안에 거하시는 영속적인 임재를 기대하거나 누리지 못하는 이유 가운데 하나이다. 그리고 우리는 "그리스도와 함께 십자가에 못 박혔나니 그런즉 이제는 내가 사는 것이 아니요 오직 내 안에 그리스도께서 사시는 것이라"(갈 2:20), "우리의 옛사람이 예수와 함께 십자가에 못 박힌 것은 죄의 몸이 죽어 다시는 우리가 죄에게 종노릇 하지 아니하려 함이니"(롬 6:6), "그리스도 예수의 사람들은 육체와 함께 그 정욕과 탐심을 십자가에 못 박았느니라"(갈 5:24)는 말씀들처럼 세상에 대하여 우리가 십자가에 못 박혔다는 사실과 우리가 세상의 권세로부터 자유로워졌다는 사실을 깨닫지 못하고 있다.

그리스도와 함께 십자가에 못 박힌 자들로서 우리 자신을 부인하고 "오히려 자기를 비워 종의 형체를 가지사 사람들과 같이 되셨고 사람의 모양으로 나타나사 자기를 낮추시고 죽기까지 복종하셨으니 곧 십자가에 죽으신"(빌 2:7-8) 그리스도의 마음을 닮지 못하고 있다.

그러므로 이와 같은 교훈을 배우도록 하라. 날마다 우리와 동행하기 위하여 우리를 찾아오시는 분은 십자가에 달리신 그리스도이시며, 그분의 능력 안에서 역시 우리도 "그리스도와 함께 십자가에 못 박혔나니 그런즉 이제는 내가 사는 것이 아니요 오직 내 안에 그리스도께서 사시는 것이라"(갈 2:20)고 고백할 수 있는 생명으로 살아가야 한다.

영광 받으신 우리 주 그리스도

이는 보좌 가운데에 계신 어린 양이 그들의 목자가 되사 생명수 샘으로 인도하시고 하나님께서 그들의 눈에서 모든 눈물을 씻어 주실 것임이라. 요한계시록 7:17. 이 사람들은 여자와 더불어 더럽히지 아니하고 순결한 자라. 어린 양이 어디로 인도하든지 따라가는 자며 사람 가운데에서 속량함을 받아 처음 익은 열매로 하나님과 어린 양에게 속한 자들이니 그 입에 거짓말이 없고 흠이 없는 자들이더라. 요한계시록 14:4-5. 볼지어다. 내가 세상 끝날까지 너희와 항상 함께 있으리라. 마태복음 마 28:20.

누가 이런 말씀을 하셨는가? 그리스도께서 온종일 내내 우리와 함께 계시겠다고 제안하실 때, 만약 그분으로부터 무엇을 기대해야 하는지를 이해하려고 한다면 우리는 그분을 잘 알기 위하여 충분히 시간을 들여야 한다. 과연 예수 그리스도는 누구신가? 그분은 "보좌와 네 생물과 장로들 사이에 한 어린 양이 서 있는데 일찍이 죽임을 당한"(계 5:6) 분이시다. 그분은 가장 깊은 굴욕을 당하시고 하나님의 영광 보좌에 앉으신 어린 양이시다. 그분은 바로 가장 친밀한 교제와 자신을 닮은 형상으로 우리를 초대하겠다고 말씀하시는 어린 양이시다.

지금, 그런 그리스도께서 우리의 벗이 되겠다고, 각각의 개별적인 양을 돌보는 목자처럼 우리를 인도하겠다고, 그리하여 "어린 양이 어디로 인도하든지 따라가는 자"들 가운데 하나로 우리를 만들겠다고 제안하신다. 이 사실이 무엇을 의미하는지 알기 위해서는 충분한 시간과 경외심, 그리고 존경하는 마음으로 경배를 드려야 한다.

어떻게 모든 하늘이 땅에 엎드리는지, 어떻게 장로들이 "보좌에 앉으신 이 앞에 엎드려 세세토록 살아 계시는 이에게 경배하고 자기의 관을 보좌 앞에 드리"(계 4:10)는지, 어떻게 어린 양이 속죄함을 받은 자들과 모든 피조물의 찬양과 사랑 가운데 다스리고 계시는지에 대한 생각으로 당신 마음이 가득 찰 때까지 요한계시록 5장을 읽고 또 읽으라.

만약 그리스도께서 당신의 일상에 찾아오셔서 당신과 동행하겠다고, 당신의 힘과 기쁨과 전능한 보호자가 되겠다고 제안하신다면 당신은 구속하신 그리스도의 사랑에 합당한 찬양과 섬김으로 순복해야 한다. 만약 더 깊은 경외심으로 그리스도께 엎드리지 않는다면 당신은 분명히 그리스도께서 당신과 함께 머물러 계실 것이라는 기대를 할 수 없게 된다.

오, 그리스도인이여! 보좌 가운데 계신 어린 양은 사실상 영존하시는 하나님의 전능한 영광과 그분의 사랑을 구체적으로 드러내는 화신이다. 이와 같은 하나님의 어린 양을 당신의 전능하신 목자와 신실한 보호자로 삼는 것은 이 땅의 잡다한 생각과 그 어떤 염려라도 사실상 그분의 사랑으로부터 단 한순간도 당신을 떼어놓지 못하도록 만드는 것이다. "내가 확신하노니 사망이나 생명이나 천사들이나 권세자들이나 현재 일이나 장래 일이나 능력이나 높음이나 깊음이나 다른 어떤 피조물이라도 우리를 우리 주 그리스도 예수 안에 있는 하나님의 사랑에서 끊을 수 없으리라"(롬 8:38-39).

우리 주 예수 그리스도의 생명

위의 것을 생각하고 땅의 것을 생각하지 말라. 이는 너희가 죽었고 너희 생명이 그리스도와 함께 하나님 안에 감추어졌음이라. 우리 생명이신 그리스도께서 나타나실 그때에 너희도 그와 함께 영광 중에 나타나리라. 골로새서 3:2-4.

그리스도의 생명은 그분의 가르침, 그분의 사역, 그분의 죽음을 훨씬 뛰어넘는 것이다. 그리스도께서 말씀하시고 행하시고 고난 겪으신 것에 대해 하나님과 사람들이 나름대로 가치를 부여하는 것은 바로 그분의 생명이었다. 그리스도께서 그분의 백성에게 나눠주시며 다른 사람들 앞에서 살아갈 수 있게 하는 것도 부활을 통해 영화롭게 된 바로 이 생명 때문이다.

"너희가 서로 사랑하면 이로써 모든 사람이 너희가 내 제자인 줄 알리라"(요 13:35). 유대인과 헬라인 모두 그리스도의 제자들에게 초인간적인 능력이 있다고 느끼게 하였던 것도 바로 성령으로 말미암은 새로운 형제애 안에 들어 있는 생명이었다. 제자들은 하나님의 사랑이 내려와 자신들을 사로잡았다고 몸소 증거한 진리에 대하여 그 생명으로 살아 있는 증거를 제시하였다.

어떤 그리스도인이 다른 영혼들이 살아가는 것과는 전혀 다른 수준에서 그리스도의 생명으로 살지 않는다면 그는 자신의 소명에서 능력과 성공을 얻는 가장 심오한 비밀을 놓치게 되는 것이다. 예수 그리스도께서 제자들을 보내셨을 때 "너희는 이 모든 일의 증인이라. 볼지어다. 내가 내 아버지께서 약속하신 것을 너희에게 보내리니 너희는 위로부터 능력으로 입혀질 때까지 이 성에 머물라 하시니라"(눅 24:48-49), 그리고 "오직 성령이 너희에게 임하시면 너희가 권능을 받고 예루살렘과 온 유대와 사마리아와 땅끝까지 이르러 내 증인이 되리라 하시니라"(행 1:8)는 명령과 함께 보내셨다.

온갖 어려움을 만나도 충분히 이겨낼 수 있도록 하는 것은 어떤 지식이나 열정, 또는 그리스도를 섬기느라 기꺼이 자기 자신을 희생하는 것이 아니라 "그리스도와 함께 하나님 안에 감춰져 있는" 생명을 은밀하게 경험하는 것이다.

모든 것은 의로우신 그리스도 안에서 하나님과 함께하는 생명에 달려 있다. 그 생명은 그리스도, 제자들, 그리고 바울과도 함께 있었다. 그리스도 예수 안에 있는 우리 생명의 단순함과 강렬함, 그리고 우리 안에 있는 그리스도 예수의 생명에 내재된 단순함과 강렬함은 날마다 고된 일을 반복하는 삶 속에서도 충분히 우리를 지탱해 준다. 그리고 그리스도의 생명을 방해할 수 있는 자아를 비롯한 모든 것을 정복하게 하며, 악의 권세에 대한 승리를 허락하는 동시에 악한 영들을 내쫓아야 하는 마음에 대해서도 승리를 거두게 한다.

이 생명이야말로 가장 중요한 전부이다. 그것은 예수 그리스도 안에서도 마찬가지였다. 그것은 그분의 종 안에서도 마찬가지여야 한다. 그리스도 자신이 우리 안에 살아 있을 것이기 때문에 그것은 얼마든지 그럴 수 있다.

예수 그리스도께서 "볼지어다. 내가 세상 끝날까지 너희와 항상 함께 있으리라"(마 28:20)고 말씀하셨을 때, 그것은 다름 아닌 이와 같은 것을 바라신다는 뜻이다. "날마다 종일토록 내가 너와 함께 있으면서 네 생명, 네 기쁨, 네 능력의 비밀이 되리라." 이 복된 말씀 가운데 어떤 숨겨진 보화가 포함되어 있는지 배우기 위하여 우리는 "볼지어다. 내가 세상 끝날까지 너희와 항상 함께 있으리라"는 말씀을 즐거이 되풀이해야 한다.

그리스도, 하나님께로 가까이 나아가는 통로

하나님을 가까이하라. 그리하면 너희를 가까이하시리라.

야고보서 4:8.

하나님의 거룩하심이란 죄 많은 인간에게서 무한정 멀리 떨어져 계신 하나님과 그분의 구속하시는 은혜 안에서 우리와 무한히 가까이 계시는 하나님 사이의 간격을 메워서 일치시키는 것이다. 믿음은 항상 이 간격과 친밀함을 둘 다 제대로 인식하려고 노력해야 한다.

그리스도 안에서 하나님은 사람에게 가까이, 너무나 가까이 다가오셔서 이제는 이렇게 명하신다. 만약 하나님께서 훨씬 더 가까이 당신에게 다가오길 원한다면 당신이 그분께로 더 가까이 나아가야 한다고 말이다. "볼지어다. 내가 세상 끝날까지 너희와 항상 함께 있으리라"(마 28:20)는 약속 안에 표현된 것처럼 예수 그리스도께서 가까이 다가오시겠다는 약속은 우리가 그분께로 가까이 나아갈 때라야 비로소 경험할 수 있을 것이다.

무엇보다 먼저, 이것은 날마다 하루를 시작하면서 우리 가운데 임하시는 그리스도의 거룩한 임재를 위해서 우리 자신을 새롭게 내드려야 한다는 뜻이다. 그것은 우리 영혼에 하나님을 알리려고 기다리고 계시는 그리스도께로 자발적이고 의도적으로, 그리고 전심으로 돌아서는 것을 의미한다. 그것은 하나님께서 그분 자신을 계시하시게 하려고 우리의 시간과 온 마음을 다 내드리는 것을 의미한다.

그것은 "하나님을 가까이하라. 그리하면 너희를 가까이하시리라"는 말씀을 어린아이처럼 단순히 신뢰하면서 강한 소망을 갖는 것이다. 하지만 날마다 이것을 확실하게 연습하지 않으면 우리에게 임하는 그리스도의 영속적인 임재를 기대하기란 불가능하다.

더구나 이것은 오직 하나님의 뜻을 행하기 위하여, 그리고 다른 무엇보다 하나님을 기쁘시게 하려고 노력하기 위하여 모든 일에서 우리 자신과 우리 삶을 단순하게 어린아이처럼 드린다는 뜻이다. 그분의 약속은 확실하다. "사람이 나를 사랑하면 내 말을 지키리니 내 아버지께서 그를 사랑하실 것이요 우리가 그에게 가서 거처를 그와 함께하리라"(요 14:23).

그러면 우리가 하나님의 뜻을 행하러 나아갈 때 하나님께서 우리와 함께하시며, 우리를 지켜보시고 지켜주시리라는 하나님의 임재를 조용히 느끼게 될 것이다. 그럴 때 하나님은 우리 "속사람"(엡 3:16)을 강하게 하여, 우리가 그분을 위하여 실행해야 하는 일을 얼마든지 행할 수 있는 신성한 힘을 불어넣어 주실 것이다.

하나님의 자녀여, "하나님을 가까이하라. 그리하면 너희를 가까이하시리라"는 이런 말씀이 매일 아침 새로운 의미로 다가오도록 노력하라. 그리고 끈기 있게 기다려라. 그러면 하나님께서 신성한 권능으로 말씀하실 것이다. "볼지어다. 내가 세상 끝날까지 너희와 항상 함께 있으리라"(마 28:20).

그리스도를 본받는 삶

너희 안에 이 마음을 품으라. 곧 그리스도 예수의 마음이니.
빌립보서 2:5.

그리스도 예수 안에는 어떤 마음이 자리 잡고 있었는가? "그는
근본 하나님의 본체시나 하나님과 동등 됨을 취할 것으로 여기지 아
니하시고 오히려 자기를 비워 종의 형체를 가지사 사람들과 같이 되
셨고 사람의 모양으로 나타나사 자기를 낮추시고 죽기까지 복종하
셨으니 곧 십자가에 죽으심이라"(빌 2:6-8). 자기 비움과 자기희생,
하나님의 뜻에 대한 순종, 심지어 십자가에서 죽기까지 사람들을 사
랑하심 등이 자리 잡고 있었다.

이러한 것들은 바로 "이러므로 하나님이 그를 지극히 높여 모든
이름 위에 뛰어난 이름을 주사 하늘에 있는 자들과 땅에 있는 자들
과 땅 아래에 있는 자들로 모든 무릎을 예수의 이름에 꿇게 하시고
모든 입으로 예수 그리스도를 주라 시인하여 하나님 아버지께 영광
을 돌리게"(빌 2:9-11) 하신 그리스도의 성품이었다. 그것이 바로
우리가 본받아야 할 그리스도의 성품이다. 그리스도가 사람과 같은
형상으로 지은 받으신 까닭에 우리 역시 하나님의 형상을 닮아갈 수
있게 된다.

자기 비움, 자기희생, 그리하여 하나님의 뜻이 이루어질 수 있으
며 인간이 구원받을 수 있게 되었다. 그것이 바로 그리스도의 삶이

었다. 사랑은 "유익을 구하지 아니" 한다(고전 13:5). 이것이 바로 그리스도의 삶이었다. 그리스도는 오직 하나님을 기쁘시게 하고 사람들을 복되게 하려고 사셨다.

아무도 이것이 불가능하다고 생각해서는 안 된다. "무릇 사람이 할 수 없는 것을 하나님은 하실 수 있느니라"(눅 18:27). 우리는 "너희 안에서 행하시는 이는 하나님이시니 자기의 기쁘신 뜻을 위하여 너희에게 소원을 두고 행하게 하시나니"(빌 2:13), 그리스도를 닮은 성품으로 나아가기까지 "항상 복종하여 두렵고 떨림으로 너희 구원을 이루라"(빌 2:12)는 부르심을 받고 있다. 그리스도께서 "아버지께서 내 안에 계셔서 그의 일을 하시는 것이라"(요 14:10)고 말씀하신 그분은 우리 안에서 "소원을 두고 행하기" 위하여 일하시는 분이다.

우리는 복음을 전할 때 가끔 이런 얘기를 듣고 한다. "복음을 전해야 하는 그리스도인은 먼저 예수 그리스도의 형상을 충분히 닮은 성품으로 그 복음을 체계화시켜야 한다. 오직 회심자들의 눈앞에서 그리스도의 삶을 살 수 있을 때라야 그 그리스도인은 자기 메시지를 이해하도록 회심자들을 도와줄 수 있다. 때때로 우리가 복음을 전할 때 단지 우리가 훈련한 모습을 기계적으로 보여주기 때문에 오히려 자기 삶을 드려서 드러내고자 하는 그리스도를 너무나 자주 가려왔다."

회심자들이 아주 주목할 만한 정도로 그리스도의 성품을 닮아가는 것을 우리의 기준으로 삼을 때 우리는 회심자들에게 이와 같은 메시지를 전해줄 수 있을 것이다. "내가 그리스도를 본받는 자가 된 것같이 너희는 나를 본받는 자가 되라"(고전 11:1).

우리 믿음이 "너희 안에서 행하시는 이는 하나님이시니 자기의 기쁘신 뜻을 위하여 너희에게 소원을 두고 행하게 하시나니"(빌 2:13)라는 약속을 단단히 붙잡을 때까지 그냥 가만히 앉아서 쉬지 않도록 주의하라. 모든 그리스도인에게 맡겨진 사람들에게 그리스도의 성품이 계시되는 만큼 이처럼 숭고하고 거룩한 부르심을 성취하기 위한 능력이 부여되리라는 확신이 일어나게 될 것이다. 모든 그리스도인은 "예수 그리스도 안에 있는" 이와 같은 마음을 품는 것을 가장 크고 유일한 기도로, 신앙의 목표로 삼아야 한다.

가장 커다란 질문, 네가 믿느냐?

예수께서 이르시되 내가 능히 이 일 할 줄을 믿느냐. 대답하되 주여 그러하오이다. 마태복음 9:28. 예수께서 이르시되 할 수 있거든이 무슨 말이냐. 믿는 자에게는 능히 하지 못할 일이 없느니라 하시니 곧 그 아이의 아버지가 소리를 질러 이르되 내가 믿나이다. 나의 믿음 없는 것을 도와주소서 하더라. 마가복음 9:23-24. 예수께서 이르시되 나는 부활이요 생명이니 나를 믿는 자는 죽어도 살겠고 무릇 살아서 나를 믿는 자는 영원히 죽지 아니하

리니 이것을 네가 믿느냐. 이르되 주여 그러하외다. 주는 그리스
도시요 세상에 오시는 하나님의 아들이신 줄 내가 믿나이다. 요
한복음 11:25-27.

지금까지 예수 그리스도와 관련하여 보고 들은 것에 대해서라
면, 우리 마음은 마르다처럼 "주여 그러하외다. 주는 그리스도시요
세상에 오시는 하나님의 아들이신 줄 내가 믿나이다"(요 11:27)라고
고백할 만한 준비가 나름대로 되어 있다. 그러나 부활의 생명에 담
긴 능력에 대한, 그리고 우리와 함께 있겠다는 영속적인 임재에 대
한 그리스도의 약속을 믿는 것에 관해서라면 우리가 그렇게 고백하
기란 그다지 쉽지 않다는 사실을 발견하게 된다.

"우리의 구속자 하나님이시며 전능하고 편재하며 변하시지 않는
바로 그 그리스도께서 실제로 온종일 내내 저와 함께하실 뿐만 아니
라 제가 그분의 거룩한 임재를 끊임없이 의식하도록 도와주실 것이
라고 저는 믿습니다." 이 고백은 너무나 그럴듯해 보이는 말이라 현
실이 될 수 없을 것처럼 보인다. 그러나 이것이 바로 그리스도께서
우리에게 요구하시는 믿음이며, 우리 안에서 일하시기를 기다리고
계시는 축복이다.

우리 안에 거하시는 영속적인 임재를 경험하는 비밀을, 우리 일
상 가운데서 계시하겠다고 제안하시는 그리스도의 여러 조건을 분
명히 이해하는 것은 좋은 일이다. 하나님은 우리 뜻에 반하여 그분
의 축복을 우리에게 억지로 강요하시지 않는다. 하나님은 온갖 가능

한 방법을 동원하셔서 그분 자신이 내놓은 약속을 충분히 실현하실 수 있으며 아주 기꺼이 그렇게 하시기를 원한다. 우리가 이 사실을 깨닫도록 우리 마음을 뒤흔들면서까지 도와주시기를 원한다.

죽음에서 다시 살아나신 그리스도의 부활이야말로 하나님의 가장 커다란 탄원이며 그분의 가장 설득력 있는 논증이다. 만약 하나님께서 우리의 온갖 죄악과 저주의 짐을 대신 짊어지고 돌아가신 바로 그 그리스도를 다시 살리셨다면, 이제 분명히 그 그리스도께서 죽음을 정복하사 우리에게 부활과 생명이 되신다면 그리스도께서 우리와 함께, 그리고 우리 안에 계시면서 온종일 우리의 생명이 되실 거라는 그분의 약속을 우리 마음속에서 얼마든지 성취하실 수 있을 것이다.

그러므로 이제 우리 주님으로서, 우리를 구속하신 하나님으로서 그리스도에 대하여 우리가 말하고 보아왔던 것들을 다시 한번 묵상해야 한다. 그러면서 우리가 그분의 말씀에 담긴 신성하고 충만한 의미들을 기꺼이 취하는지, "볼지어다. 내가 세상 끝날까지 너희와 항상 함께 있으리라"(마 28:20)는 약속 안에 기꺼이 머물러 있는지 스스로 되돌아봐야 한다. 그리고 다음과 같은 그리스도의 질문에 답해야 한다. "내가 능히 이 일 할 줄을 믿느냐?" 우리는 그분 앞에 엎드려 "주여, 그러하외다. 내가 믿나이다"라고 고백할 수 있을 때까지 더욱더 그리스도의 임재를 열망해야 한다.

자신을 현현하시는 그리스도

나의 계명을 지키는 자라야 나를 사랑하는 자니 나를 사랑하는 자는 내 아버지께 사랑을 받을 것이요 나도 그를 사랑하여 그에게 나를 나타내리라. 요한복음 14:21.

그리스도는 제자들에게 성령께서 오셔서 그분의 임재를 드러내실 것이며, 항상 제자들과 함께 머물러 있을 것이라고 약속하셨다. 그리고 성령께서 오시면 그 성령을 통하여 그리스도는 제자들에게 다시 자신을 현현하실 것이라고 말씀하셨다. 이때 제자들은 새롭고 신성하고 영적인 방식으로 그분을 알게 될 것이며, 그분께서 친히 이 땅에 계셨을 때보다 훨씬 더 친밀하고 끊임없이 제자들과 함께 계시게 될 것이다.

그분에 대한 이와 같은 계시의 조건은 사랑이라는 말에 다 포함되어 있다. "나의 계명을 지키는 자라야 나를 사랑하는 자니 나를 사랑하는 자는 내 아버지께 사랑을 받을 것이요 나도 그를 사랑하여 그에게 나를 나타내리라." 이것은 신적인 사랑과 인간적인 사랑이 만나는 것이어야 한다.

그리스도께서 제자들을 사랑하셨던 바로 그 사랑이 제자들의 마음을 사로잡아서 그 사랑 안에서 절대적인 순종을 통하여 제 모습을 드러내게 될 것이다. 하나님 아버지께서 이것을 보게 될 것이며 그분의 사랑은 각 영혼을 의존하게 될 것이다. 그리스도는 사랑 넘치는 마음으로부터 이끌어낸 특별한 사랑으로 각 영혼을 사랑하실 것이며 그분을 현현하실 것이다. 각 영혼의 마음에 쏟아부어진 천국의 사랑("우리에게 주신 성령으로 말미암아 하나님의 사랑이 우리 마음에 부은 바 됨이니." 롬 5:5)은 그리스도의 새롭고 복된 계시를 만나게 될 것이다.

그러나 이것이 다는 아니다. 예수님은 덧붙여서 이렇게 말씀하셨다. "사람이 나를 사랑하면 내 말을 지키리니 내 아버지께서 그를 사랑하실 것이요 우리가 그에게 가서 거처를 그와 함께하리라"(요 14:23). 그러므로 성령으로 준비되어 철저히 순복하는 마음으로 사랑의 순종을 보여주는 심령을 성부와 성자께서 거처로 삼아 머물러 있게 될 것이다.

그래서 지금 예수 그리스도는 제자들에게 다름 아닌 "볼지어다.

내가 세상 끝날까지 너희와 항상 함께 있으리라"(마 28:20)고 약속하신다. '함께'라는 이 말에는 그리스도 '안'에서 하나님 아버지와 함께 믿음으로 말미암아 그 심령 안에 거하게 된다는 뜻이 내포되어 있다. 우리 안에 거하시는 그리스도의 영속적인 임재를 경험하는 비밀 속으로 들어가길 원하는 모든 사람은 이 복된 약속을 어린아이처럼 단순하게 믿고, 요청하게 될 것이다. "나도 그를 사랑하여 그에게 나를 나타내리라!"

새벽을 파수하는 마리아의 기도

예수께서 마리아야 하시거늘 마리아가 돌이켜 히브리말로 랍오니 하니 이는 선생님이라는 말이라. 요한복음 20:16.

여기서 우리는 막달라 마리아에게 부활하신 구세주의 첫 번째 현현을 만나게 된다. 막달라 마리아는 "너는 내 머리에 감람유도 붓지 아니하였으되 그는 향유를 내 발에 부었느니라"(눅 7:46)는 극진한 사랑을 보인 여인이다. 그럼으로써 "내가 네게 말하노니 그의 많은 죄가 사하여졌도다. 이는 그의 사랑함이 많음이라. 사함을 받은 일이 적은 자는 적게 사랑하느니라"(눅 7:47)고 예수님께 한없는 칭찬을 받은 여인이다.

마리아에게 새벽을 파수하는 기도가 무엇을 의미했을지 한번 생각해 보라. 그것은 바로 사랑을 추구하셨던 주님을 발견할 때까지 쉬지 않고 뜨겁게 어떤 사랑을 갈망했다는 증거이다. 그것은 다른 모든 것과 따로 떨어져 혼자 보냈다는 의미이다. 그것은 놀라운 약속을 단단히 붙잡은 마음을 포기하지 않으려는 믿음과 대적하는 두려움과도 맞서 싸웠다는 의미이다.

그것은 그리스도께서 다시 오셔서 다음과 같은 약속을 성취하신다는 의미이다. "사람이 나를 사랑하면 내 말을 지키리니 내 아버지께서 그를 사랑하실 것이요 우리가 그에게 가서 거처를 그와 함께하리라. …나도 그를 사랑하여 그에게 나를 나타내리라"(요 14:23,21). 그것은 바로 마리아의 사랑이 예수 그리스도의 사랑으로 말미암아 충족되었으며, 예수 그리스도께서 부활하신 생명을 통하여 보여주신 모든 권능 안에서 마리아는 주님을, 곧 살아계신 주님을 발견하게 되었다는 뜻이다.

그것은 우리 주님께서 하나님 아버지께로, 신성하고 전능하신 영광의 생명으로 올라가겠다고 말씀하신 것을 이제 마리아가 충분히 이해했다는 의미이다. 그것은 또한 주님에게서 직접 들은 말씀을 제자들에게 가서 알리라는 주님의 명령을 마리아가 그대로 받아들였다는 의미이다.

부활하신 주님께서 자신을 첫 번째로 드러내기를 기다렸던 새벽 시간은 그때 이후로 수많은 영혼의 새벽을 파수하는 기도시간이 의미했던 것에 대한 예언이자 보증이 되었다! 두려움과 의심 속에서,

그러나 불타는 사랑과 강력한 소망을 가지고, 우리 주님께서 그분의 부활 생명을 불어넣어 주시고, 영광의 주님으로서 그분 자신을 현현하실 때까지 새벽을 파수하던 기도자들은 한결같이 기다렸다.

이 파수꾼들은 미약한 인간적인 이해력 때문에 우리 주님을 거의 제대로 알지 못했다. 하지만 우리 주님께서 그 사람들에게 새로운 숨결을 불어넣으셨을 때 어떤 말이나 생각이 아니라 신적인 체험이라는 실재를 경험하게 되었다. 이것을 통하여 "하늘과 땅의 모든 권세를"(마 28:18) 가지신 우리 주님께서 이제 우리 안에 거하시는 그분의 영속적인 임재를 계속해서 보장해 주신다는 사실을 깨닫게 되었다.

그렇다면 이제 우리는 무엇을 깨달아야 하는가? 그것은 바로 우리 주님을 훨씬 더 크게 사랑한다는 사실을 증명할 수 있는 것은 오직 그분만으로 만족하며 모든 것을 희생하는 사랑밖에 없다는 점을 명확히 인식해야 한다. 예수 그리스도께서 그분 자신을 현현하시는 것은 바로 그와 같은 사랑이다. 그분은 "우리를 위하여 자신을 버리사 향기로운 제물과 희생제물로 하나님께 드리셨다"(엡 5:2).

그리스도의 사랑이 제대로 모습을 드러내기 위해서는 우리의 사랑이 필요하다. 그분이 "볼지어다. 내가 세상 끝날까지 너희와 항상 함께 있으리라"(마 28:20)고 말씀하시는 것은 바로 우리 사랑에 대해서다. 그와 같은 말씀을 받아들이고 즐거워하면서 그 말씀대로 살아가도록 하는 것은 바로 사랑이다.

엠마오로 가는 두 제자의 저녁 기도시간

그들이 강권하여 이르되 우리와 함께 유하사이다. 때가 저물어가고 날이 이미 기울었나이다 하니 이에 그들과 함께 유하러 들어가시니라. 그들과 함께 음식 잡수실 때에 떡을 가지사 축사하시고 떼어 그들에게 주시니 그들의 눈이 밝아져 그인 줄 알아 보더니 예수는 그들에게 보이지 아니하시는지라. 누가복음 24:29-31.

새벽을 파수하는 기도는 마리아의 영혼이 예수님의 계시를 위해 어떤 역할을 할 수 있는지를 우리에게 가르쳐주었다. 엠마오는 저녁 기도시간이 그리스도의 온전한 현현을 위해 준비하는 과정에서 우리 영혼에서 차지할 수 있는 위치를 상기시켜 준다.

엠마오로 내려가는 도중에 있던 두 제자에게 그날은 칠흑같이 어두운 상태에서 시작되었다. 마침내 예수님께서 살아나셨다는 천사의 소식을 들었을 때 두 제자는 도대체 이것을 어떻게 받아들여야 할지 몰랐다. "예수께서 가까이 이르러 그들과 동행하시나 그들의 눈이 가리어져서 그인 줄 알아보지 못하거늘"(눅 24:15-16). 예수님은 자주 자신을 현현하시려고 우리 가까이에 다가오시지만 우리는 성경 말씀에서 이야기하는 것을 너무나 느리게 믿기 때문에 우리 눈은 이미 가리어져 있다.

그러나 주님께서 두 제자와 더불어 이야기를 나누자 두 제자의 마음은 그 안에서 불타오르기 시작했다. 그러나 두 제자는 단 한순간도 그분이 주님일 거라는 생각을 전혀 하지 못했다. 그것은 오늘날 우리 역시 마찬가지다.

마지막 날 밤에 주님께서 마치 저 멀리 떠나가실 것처럼 행동하자 제자들은 "우리와 함께 머물러 있어 달라"고 주님께 강권하였다. 그러자 그리스도는 '거하다'는 단어에 새로운 의미를 부여하셨다. 제자들은 여전히 이 말을 제대로 이해하지 못했지만 그 말을 사용함으로써 제자들은 기대했던 것보다 훨씬 더 많은 것을 받아 누릴 수 있게 되었다. 곧 부활로 말미암아 가능하게 된 주님과 함께 거하는 삶을 미리 맛볼 수 있게 된 것이다.

날마다 하루를 마감하면서 잠깐이라도 세상일을 내려놓고 그리스도와 교제하는 시간이 얼마나 절실한지에 대한 교훈을 배우라. 바로 이때 우리는 온 마음을 다하여 그리스도의 영속적인 존재에 대한 약속을 새롭게 집어 들고 절박한 심정으로 "우리와 함께 유하시라"고 주님께 강권하는 기도를 드려야 한다.

그렇다면 이 이야기에 담긴 주요 교훈은 무엇인가? 우리 주님께서 이 두 제자에게 자신을 계시하도록 이끈 요인은 무엇이었는가? 그것은 우리 주님께 대한 두 사람의 강력한 헌신 이외에는 다른 어떤 것도 아니었다. 거기에는 아직도 상당한 무지와 불신앙이 자리 잡고 있을 수도 있다. 하지만 다른 모든 것을 뛰어넘어 그분을 향한 불타는 열망이 존재한다면, 말씀을 들을 때마다 언제나 고양되는 열망이 고스란히 자리 잡고 있다면 그분께서 우리에게 그분 자신을 알려주실 것이라고 확신할 수 있다.

그와 같은 강렬한 헌신과 강권적인 기도에 대해 우리 주님의 이와 같은 메시지가 능력 있게 제시될 것이다. "볼지어다. 내가 세상 끝날까지 너희와 항상 함께 있으리라"(마 28:20). 그러면 우리 눈이 열리게 될 것이며, 우리는 그분을 알고, 언제까지나 우리 안에 거하시는 영속적인 임재의 복된 비밀을 깨닫게 될 것이다.

거룩한 사명을 받은 제자들

이날 곧 안식 후 첫날 저녁 때에 제자들이 유대인들을 두려워하여 모인 곳의 문들을 닫았더니 예수께서 오사 가운데 서서 이르시되 너희에게 평강이 있을지어다. 요한복음 20:19.

제자들은 마리아에게서 소식을 들었다. 베드로도 주님을 보았다고 제자들에게 말했다. 저녁 늦게 엠마오에서 올라온 두 제자가 주님께서 어떻게 자신들에게 나타나셨는지 이야기했다. 이렇게 제자들의 마음은 이제 곧 벌어질 일에 대해 준비되어 있었다. 바로 그때 예수님은 벌써 제자들 가운데 오셔서 "너희에게 평강이 있을지어다"라고 말씀하셨다.

그러고는 자기 손과 발에 난 못 자국을 보여주셨다. 이것은 단지 인식을 돕는 흔적이었을 뿐만 아니라 "내가 또 보니 보좌와 네 생물과 장로들 사이에 한 어린 양이 서 있는데 일찍이 죽임을 당한 것 같 더라"(계 5:6)는 천국에서 보여주신 모습에 대해 깊고도 영원한 신 비였다. "이 말씀을 하시고 손과 옆구리를 보이시니 제자들이 주를 보고 기뻐하더라"(요 20:20).

그런 다음에 우리 주님은 또다시 이렇게 말씀하셨다. "너희에게 평강이 있을지어다. 아버지께서 나를 보내신 것같이 나도 너희를 보 내노라"(요 20:21). 우리 주님은 그분 없이는 절대 편히 쉴 수 없는 뜨거운 사랑을 보여준 마리아에게 자신을 계시하셨다. 그리고 엠마 오로 내려가는 두 제자의 강권적인 요청으로 역시 그와 같은 계시를 받도록 허락하셨다.

그런 다음, 지금 여기서 우리 주님은 그분을 섬기도록 친히 훈련 시켰던 제자들에게 이 땅에서 자신이 행하셨던 일에 관한 책임을 넘 겨주신다. 우리 주님은 제자들의 두려움을 평강과 기쁨으로 가득한 담대함으로 바꿔주셨다. 그러고는 하나님 아버지께로 올라가셨다. 이제 하나님께서 우리 주님께 하라고 맡기신 일들이 제자들에게 위 탁되었다. 승리를 거둘 때까지 그 일을 널리 알리고 수행하는 이 거 룩한 사명은 이제 제자들에게 맡겨진 것이다.

이 거룩한 일을 감당하기 위하여 제자들에게는 거룩한 능력 이 외에 다른 어떤 것도 필요하지 않았다. 우리 주님은 십자가에 달려 돌아가심으로써 얻은 부활의 생명을 제자들에게 불어넣어 주셨다. 우리 주님은 친히 말씀하신 약속을 성취하셨다. "조금 있으면 세상은 다시 나를 보지 못할 것이로되 너희는 나를 보리니 이는 내가 살아 있고 너희도 살아 있겠음이라"(요 14:19).

하나님께서 예수 그리스도를 죽음에서 살려내신 "그의 힘의 위력으로 역사하심을 따라 믿는 우리에게 베푸신 능력의 지극히 크심"(엡 1:19)은 그리스도께서 죽음에서 다시 살아나 제자들 가운데서 일하시는 것과 같은 성결의 영이었다. 그러니까 이와 같은 능력 안에서 매이거나 풀린 모든 것은 천국에서도 매이거나 풀리게 될 것이었다. "내가 천국 열쇠를 네게 주리니 네가 땅에서 무엇이든지 매면 하늘에서도 매일 것이요 네가 땅에서 무엇이든지 풀면 하늘에서도 풀리리라 하시고"(마 16:19).

이 이야기는 모든 복음 전도자에게 놀라운 능력으로 다가온다. 그리스도는 우리에게도 같은 말씀을 전하신다. "너희에게 평강이 있을지어다. 아버지께서 나를 보내신 것같이 나도 너희를 보내노라. 이 말씀을 하시고 그들을 향하사 숨을 내쉬며 이르시되 성령을 받으라"(요 20:21-22). 우리 역시 못 자국난 손과 발을 보여주시는 살아계신 분으로서 예수님의 그와 같은 인격적인 현현을 만날 수 있다. 만약 우리가 살아계신 주님의 임재 이외에 다른 어떤 것에도 마음을 두지 않는다면 그것을 우리에게 허락하실 것이라고 얼마든지 확신할 수 있다. 예수님은 우리 안에 거하시겠다는 영속적인 임재와 전능하신 능력에 대한 약속 없이는 그분의 종들을 절대 보내시지 않는다.

도마가 받은 믿음의 축복

예수께서 이르시되 너는 나를 본 고로 믿느냐. 보지 못하고 믿는 자들은 복되도다 하시니라. 요한복음 20:29.

우리는 모두 도마의 축복을 굉장히 놀라운 것으로 생각한다. 왜냐하면 그리스도께서 친히 현현하셔서 도마에게 그분의 손과 옆구리를 직접 만져보라고 말씀하셨기 때문이다. 이와 같은 축복에는 "나의 주님이시요 나의 하나님"(요 20:28)이라는 거룩한 경배의 찬사 이외에는 다른 어떤 말도 찾을 수 없다. 이처럼 하나님의 불가항력적인 친밀함과 영광에 대한 찬사보다 더 숭고한 표현을 여태까지 들어본 적이 있는가?

그런데 그리스도는 이렇게 말씀하셨다. "예수께서 이르시되 너는 나를 본 고로 믿느냐? 보지 못하고 믿는 자들은 복되도다." 살아 있는 참된 믿음은, 심지어 도마의 마음을 가득 채운 기쁨보다 훨씬 더 깊고 친밀하게 그리스도의 신성한 친밀함에 대한 감각을 제공해 준다. 여기서 수많은 세월이 흘러간 이후인 지금이라도 도마보다 훨씬 더 깊은 실제로 그리스도의 임재와 권능을 우리도 얼마든지 경험할 수 있다.

"보지 못하고 믿는 자들은 복되도다." 그러니까 그리스도의 존재와 매 순간 그리스도께서 자신에게 어떤 모습으로 다가올 수 있는지를 단순하게, 진정으로, 철저하게 믿는 사람은 복되다. 이 사람들에게 우리 주님은 자신을 드러내실 것이며 하나님 아버지와 함께 오셔서 그 사람들 안에서 머물러 있을 것이라고 약속하셨다.

"나의 계명을 지키는 자라야 나를 사랑하는 자니 나를 사랑하는 자는 내 아버지께 사랑을 받을 것이요 나도 그를 사랑하여 그에게 나를 나타내리라. …예수께서 대답하여 이르시되 사람이 나를 사랑하면 내 말을 지키리니 내 아버지께서 그를 사랑하실 것이요 우리가 그에게 가서 거처를 그와 함께하리라"(요 14:21, 23).

우리는 흔히 이와 같은 충만한 믿음생활에 대하여 우리 능력의 범위를 훨씬 뛰어넘는 것으로 생각하는 경향이 있다. 그러한 생각은 우리에게서 믿음으로 나아갈 수 있는 능력을 빼앗아간다. 이제 다시 그리스도의 말씀을 단단히 붙잡는 쪽으로 방향을 돌려보자. "보지 못하고 믿는 자들은 복되도다." 이것은 사실 온 마음과 삶을 가득 채워주는 천상의 복이며 살아계신 주님의 사랑과 임재를 받아들이는 믿음이다.

당신은 어떻게 이처럼 어린아이 같은 단순한 믿음에 도달할 수 있는지를 물을지도 모른다. 그 대답은 아주 간단하다. 예수 그리스도께서 우리 소망과 확신의 유일한 대상일 때 그분은 신성한 능력으로 자신을 현현하신다. 도마는 "우리도 주와 함께 죽으러 가자"(요 11:16)고 말하면서 그리스도를 향한 강한 헌신을 증명해 보였다. 심지어 불신앙으로 말미암아 갈등을 겪고 있을지라도 그러한 사랑에 대해 예수 그리스도는 자신을 현현하실 것이다. 그분은 "볼지어다.

내가 세상 끝날까지 너희와 항상 함께 있으리라"(마 28:20)는 거룩한 약속을 우리의 의식적인 경험 속에서 구체적인 현실로 만드실 것이다.

그러므로 그분의 복된 말씀, 그분의 신성한 능력, 우리 안에 거하시는 그분의 거룩한 영속적인 임재를 믿는 믿음이 우리의 모든 존재를 다스리는 유일한 요소라는 사실을 목도하자. 그러면 그리스도께서 실제로 자신을 현현하셔서 우리와 함께 거하시는 가운데 그분의 본향으로 삼아 우리 마음속에 머무실 것이다.

사랑의 위대함을 깨달은 베드로

주께서 세 번째 네가 나를 사랑하느냐 하시므로 베드로가 근심하여 이르되 주님 모든 것을 아시오매 내가 주님을 사랑하는 줄을 주님께서 아시나이다. 예수께서 이르시되 내 양을 먹이라. 요한복음 21:17.

그리스도께서 처음으로 자기 자신을 계시하신 대상은 그토록 극진한 사랑을 보였던 마리아였다. 또한 그리스도는 디베랴 호수에서 베드로에게도(요 21:1-14), 엠마오로 내려가는 도중의 두 제자에게도(눅 24:13-31), 열 명에게 나타나셨을 때에도(요 20:19-23), 도마에게 자신을 계시하셨을 때에도(요 20:24-28) 친히 그분 자신을 드러내셨다. 그리스도께서 자신을 현현하신 것은 항상 준비된 심령의 강한 헌신에 대해서였다. 그러니까 여기서 베드로에게 그분 자신을 현현하시는 장면에서도 우리는 다시 한번 사랑이 중요한 요소라는 사실을 발견하게 된다.

왜 그리스도께서 "네가 나를 사랑하느냐?"고 세 번이나 질문을 던지시는지를 우리는 쉽게 이해할 수 있다. 그것은 "베드로가 이르되 내가 주와 함께 죽을지언정 주를 부인하지 않겠나이다"(마 26:35)라고 끔찍한 자기 확신에 사로잡혀서 호언장담했던 장면을 떠올리게 한다. 또한 그것은 베드로에게 자신의 사랑이 진실하고 참된 것인지를 확신하기 전에 조용히 마음 깊은 곳을 성찰할 필요가 있다는 사실을 상기시켜 준다.

그와 더불어 얼마나 자기 자신이 신뢰할 수 없는 존재인지에 대해 각성하는 가운데 깊이 참회해야 할 필요성을 느끼게 하고, 그다음으로 예수님이 베드로의 마음속에서 그분의 자리를 회복하는 데 필요한 유일한 한 가지, 곧 그분의 양을 먹이고, 그분의 어린 양을 돌보는 첫 번째 전제 조건이 바로 사랑이라는 사실을 기억나게 한다.

"하나님은 사랑이심이라"(요일 4:8). 그리스도는 하나님께서 사랑하시는 아들이다. 그리스도는 "세상에 있는 자기 사람들을 사랑하시되 끝까지 사랑하시고"(요 13:1), 또한 "아버지께서 나를 사랑하신 것같이 나도 너희를 사랑하였으니 나의 사랑 안에 거하라"(요 15:9)고 말씀하셨다. 예수 그리스도는 그분의 계명을 지킴으로써, 그분이 사랑하셨던 그와 같은 사랑으로 서로 사랑함으로써 우리에게 자기 사랑을 증명해 보이라고 요구하셨다.

"내가 아버지의 계명을 지켜 그의 사랑 안에 거하는 것같이 너희도 내 계명을 지키면 내 사랑 안에 거하리라. 내가 이것을 너희에게 이름은 내 기쁨이 너희 안에 있어 너희 기쁨을 충만하게 하려 함이라. 내 계명은 곧 내가 너희를 사랑한 것같이 너희도 서로 사랑하라 하는 이것이니라"(요 15:10-12). 그러므로 온 하늘과 땅에서, 성부와 성자 안에서, 우리 안에서, 그분을 향한 온갖 일들 가운데서, 뭇 영혼들을 돌보는 사역 중에 가장 훌륭한 것은 바로 사랑이다.

예수 그리스도께서 그분 자신을 현현하시길 원하는 모든 사람에게 필요한 선결 요건은 사랑이다. 그러한 사랑은 우리 능력으로 베풀 수 있는 것이 아니다. 베드로는 이 사실을 우리에게 가르쳐주었다. 오히려 그와 같은 사랑은 그리스도께서 죄에 대하여 죽으신 능력으로 말미암아 가능하게 되었다. 베드로도 역시 동참하게 된 그리스도께서 부활하신 생명의 능력 말이다. 베드로는 자신이 쓴 첫 번째 편지에서 이렇게 말했다. "예수를 너희가 보지 못하였으나 사랑하는도다. 이제도 보지 못하나 믿고 말할 수 없는 영광스러운 즐거움으로 기뻐하니"(벧전 1:8).

하나님께 감사하라. 만약 베드로가 그렇게 변화될 수 있었다면 예수 그리스도는 분명히 당신도 놀랍게 변화시켜 주실 것이다. 그리고 "볼지어다. 내가 세상 끝날까지 너희와 항상 함께 있으리라"(마

28:20)는 소중한 말씀에 담긴 모든 충만하심으로 사랑 가득한 심령에 자신을 현현하실 것이다. 그리스도께서 자신을 현현하시는 그러한 사랑은 그분의 양을 먹이고 그분의 어린 양을 돌보기 위한 유일한 준비이다.

죽음에서 생명으로 옮긴 요한의 만남

내가 볼 때에 그의 발 앞에 엎드러져 죽은 자같이 되매 그가 오른손을 내게 얹고 이르시되 두려워하지 말라. 나는 처음이요 마지막이니 곧 살아 있는 자라. 내가 전에 죽었었노라. 볼지어다. 이제 세세토록 살아 있어 사망과 음부의 열쇠를 가졌노니. 요한계시록 1:17-18.

여기서 우리는 부활하신 후 60년 이상이나 지난 상황에서 사랑하는 제자에게 그분 자신을 현현하시는 그리스도를 만나게 된다. 그때 요한은 "그의 발 앞에 엎드러져 죽은 자같이 되었다." 이와 관련해서 구약시대의 모세가 "주의 영광을 내게 보이소서"(출 33:18)라고 청했을 때 하나님은 모세에게 이렇게 말씀하셨다. "네가 내 얼굴을 보지 못하리니 나를 보고 살 자가 없음이니라"(출 33:20).

인간의 죄스러운 본성은 하나님의 영광이 나타나는 환상을 제대로 받아들이고서는 계속 살아 있을 수 없다. 그러나 영광 가운데 하나님의 생명으로 들어가기 위해서는 본성을 좇아서 살아가는 삶의 죽음이 있어야 한다. 요한이 그리스도의 발 앞에 엎드려져 "죽은 자같이 되었을" 때 그것은 놀라운 천국의 환상을 보면서 그대로 이겨내는 것이 얼마나 어려운지를 증명해 주었다.

그리스도는 요한에게 오른손을 얹어놓으면서 "두려워하지 말라. 나는 처음이요 마지막이니 곧 살아 있는 자라. 내가 전에 죽었었노라. 볼지어다. 이제 세세토록 살아 있어 사망과 음부의 열쇠를 가졌노니"라고 말씀하셨다. 그리스도는 자신이 하나님의 생명과 영광으로 다시 살아나기 전에 죽음을 통과했다는 사실을 요한에게 상기시켜 주셨다. 그러고는 요한을 비롯한 모든 제자에게 하나님의 영광에 이르는 길은 단 하나밖에 없다는 사실을 가르쳐주셨다. 그 길은 죄와 접촉하여 천국으로 들어갈 수 없는 모든 본성을 죽이는 것뿐이다.

이 교훈은 예수님이 자신에게 현현하시기를 원하는 모든 사람에게 필요한 아주 깊은 교훈이다. 예수님에 관한 지식, 예수님과 함께 나누는 교제, 그리고 예수님의 능력에 대한 경험은 우리 안에 있는 세상의 모든 것을 희생하지 않고서는 불가능하다. 제자들은 이것을 철저히 경험했다.

"한 알의 밀이 땅에 떨어져 죽지 아니하면 한 알 그대로 있고 죽으면 많은 열매를 맺느니라. 자기의 생명을 사랑하는 자는 잃어버릴 것이요 이 세상에서 자기의 생명을 미워하는 자는 영생하도록 보전하리라. 사람이 나를 섬기려면 나를 따르라. 나 있는 곳에 나를 섬기는 자도 거기 있으리니 사람이 나를 섬기면 내 아버지께서 그를 귀히 여기시리라"(요 12:24-26). 곧 자기를 부인하고 십자가를 지고 나를 따르라고 예수님은 죽으시기 전까지 요청하셨다.

무엇이 예수 그리스도와 꾸준히 교제하는 비결이며, 그리하여 우리 안에 거하시는 그분의 영속적인 임재가 우리의 일상적인 몫이 될 수 있도록 하는가? 자기 목숨을 내놓음으로써 이 교훈을 받아들이도록 하라. 그분과 함께 우리가 십자가에 못 박혔으며, 이제 그분의 죽음이 우리 안에서 역사하신다. 만약 우리가 이 사실에 우리 자신을 내놓는다면 죄와 세상에 대한 죽음은 우리 영성생활의 가장 심오한 법칙으로 자리 잡을 것이다. 제자들은 십자가에서 죽기까지 그리스도를 따랐다. 그것이 바로 제자들에게 "볼지어다. 내가 세상 끝날까지 너희와 항상 함께 있으리라"(마 28:20)는 주님의 말씀을 그대로 받아들이도록 준비시켰던 요인이었다.

바울, 그 안에 계시된 그리스도

그러나 내 어머니의 태로부터 나를 택정하시고 그의 은혜로 나를 부르신 이가 그의 아들을 이방에 전하기 위하여 그를 내 속에 나타내시기를 기뻐하셨을 때에 내가 곧 혈육과 의논하지 아니하고. 갈라디아서 1:15-16.

우리가 그리스도를 공부하고 경배할 때마다 우리 생각이 다음과 같은 5가지 요점을 중심으로 모이는 것을 발견하게 된다. 곧 성육신 하신 그리스도, 십자가에 달리신 그리스도, 하늘 보좌에 앉으신 그리스도, 우리 안에 거하시는 그리스도, 그리고 영광 가운데 오시는 그리스도. 만약 첫 번째가 씨앗이라면 두 번째는 땅에 뿌려진 씨앗이며, 세 번째는 천국까지 자라나는 씨앗이다. 그다음에는 우리 심령 안에 거하시는 그리스도이신 성령의 열매가 뒤따르게 되며, 그리스도께서 다시 나타나실 때 그와 같은 열매를 거두게 된다.

하나님께서 바울에게 그분의 아들을 나타내 보이기를 기뻐하셨다고 바울은 우리에게 말했다. 그리고 바울은 그와 같은 계시의 결과에 관하여 이렇게 증언했다. "내가 그리스도와 함께 십자가에 못 박혔나니 그런즉 이제는 내가 사는 것이 아니요 오직 내 안에 그리스도께서 사시는 것이라"(갈 2:20). 그와 같은 삶에 관하여 가장 큰 표지는 "내가 그리스도와 함께 십자가에 못 박혔나니"라는 것이었다. "그런즉 이제는 내가 사는 것이 아니요 오직 내 안에 그리스도께서 사시는 것이라"고 말할 수 있었던 이유도 바로 이것 때문이었다.

그리스도 안에서 바울은 자아의 죽음을 발견했다. "내가 또 보니 보좌와 네 생물과 장로들 사이에 한 어린 양이 서 있는데 일찍이 죽임을 당한 것 같더라"(계 5:6)는 말씀에서처럼, 십자가가 그리스도 자신의 가장 커다란 특징인 것과 마찬가지로 바울 안에 있는 그리스도의 생명은 바울이 십자가에 달리신 주님과도 불가분 하나가 되게 만들었다. 그러므로 이것은 사도 바울로 하여금 완벽하게 이렇게 고백할 수 있도록 이끌었다. "그러나 내게는 우리 주 예수 그리스도의 십자가 외에 결코 자랑할 것이 없으니 그리스도로 말미암아 세상이 나를 대하여 십자가에 못 박히고 내가 또한 세상을 대하여 그러하니라"(갈 6:14).

누군가 바울에게 "그런즉 이제는 내가 사는 것이 아니요. 오직 내 안에 그리스도께서 사시는 것이라면 선생님은 자기 삶에 대해서 도대체 무슨 책임을 져야 한단 말입니까?" 하고 묻는다면 바울은 재빨리 이렇게 명쾌한 대답을 내놓았을 것이다. "이제 내가 육체 가운데 사는 것은 나를 사랑하사 나를 위하여 자기 자신을 버리신 하나님의 아들을 믿는 믿음 안에서 사는 것이라"(갈 2:20). 그렇다. 바울의 삶은 이제 자기를 사랑하사 완전히 그분 자신을 버리신 그리스도 안에서 매 순간 믿음의 삶을 살아가는 것이었다.

이것이 바로 바울이 가르친 모든 교훈의 본질이자 대의였다. 바울에게 있어서 "그리스도의 비밀"(골 4:3)은 "하나님이 그들로 하여금 이 비밀의 영광이 이방인 가운데 얼마나 풍성한지를 알게 하려 하심이라. 이 비밀은 너희 안에 계신 그리스도시니 곧 영광의 소망"(골 1:27)이었다. 즉 그것은 다름 아닌 바울 안에 거하시는 그리스도께서 바울의 믿음생활에 담긴 비결이자 모든 삶과 사역의 유일한 능력이며 목표이자 영광의 소망이었다. 그러므로 우리도 바울처럼 그리스도를 전적으로 신뢰하는 각 영혼에 대한 확실한 선물로서 우리 안에 거하시는 그리스도의 영속적인 임재를 믿도록 하자.

주님을 현현하시는 거룩한 성령

그가 내 영광을 나타내리니 내 것을 가지고 너희에게 알리시겠음이라. 요한복음 16:14.

우리 주님께서 제자들에게 "볼지어다. 내가 세상 끝날까지 너희와 항상 함께 있으리라"(마 28:20)고 말씀하셨을 때 처음에는 제자들이 주님의 말씀에 담긴 온전한 의미를 제대로 이해하거나 경험하지 못했다. 제자들이 우리 안에 거하시는 영속적인 임재의 기쁨 안에서 새로운 삶을 살기 시작한 것은 영광을 받으신 예수 그리스도께서 하늘로부터 제자들의 마음속으로 내려오신 성령으로 충만해졌던 오순절 이후였다.

그리스도께서 영광스러운 약속을 성취하시는 것, 특히 성부와 성자께서 우리 안에 거하시겠다는 약속의 성취(요 14:23)에 대한 우리 믿음은 모두 한 가지 본질적이고 필연적인 조건이 전제되어야 한다. 곧 오순절에 제자들에게 임하셨고, 그리스도의 성령께서 우리를 다스리고 인도하실 수 있도록 철저히 끊임없이 자신을 내드리는 삶이 전제되어야 한다.

나는 아무도 "그리스도께서 날마다 온종일 우리와 함께 계시는

것을 경험하기란 불가능하다"고 말하기를 바라지 않는다. 그리스도
는 진정으로 그분의 말씀이 단순하고도 영원한 실재가 되기를 바라
셨으며, 그러한 약속들이 절대적 진리로 받아들여지기를 바란다는
뜻으로 이렇게 말씀하셨다. "나의 계명을 지키는 자라야 나를 사랑
하는 자니 나를 사랑하는 자는 내 아버지께 사랑을 받을 것이요 나
도 그를 사랑하여 그에게 나를 나타내리라"(요 14:21). "사람이 나를
사랑하면 내 말을 지키리니 내 아버지께서 그를 사랑하실 것이요 우
리가 그에게 가서 거처를 그와 함께하리라"(요 14:23).

그러나 이러한 진리는 하나님으로서 권능을 가지신 성령을 깨달
아 알고 믿고 순종하는 곳에서만 경험될 수 있다. 그리스도께서 요
한복음 14장에서 말씀하신 것은 바울이 "오직 내 안에 그리스도께
서 사시는 것이라"(갈 2:20)고 말했을 때, 또한 요한이 "그의 계명을
지키는 자는 주 안에 거하고 주는 그의 안에 거하시나니 우리에게
주신 성령으로 말미암아 그가 우리 안에 거하시는 줄을 우리가 아느
니라"(요일 3:24)고 표현했을 때 거듭 증언한 내용이다.

성부 하나님을 알리기 위해 그리스도께서 하나님으로 오셨으며,
우리 안에 계신 그리스도를 알리기 위하여 성령께서 하나님으로 오
셨다. 우리는 하나님이신 성령께서 절대적인 순종을 요구하시며 기
꺼이 우리의 모든 존재를 사로잡고 있기를 원하신다는 사실을 깨달
아야 한다. 그리고 그리스도께서 우리에게 요구하시는 모든 것을 우
리에게 성취하실 수 있다는 사실을 이해해야 한다.

육신의 온갖 권세로부터 우리를 구해 주실 수 있는 분, 우리 안에 자리 잡은 세상 권세를 정복하실 수 있는 분이 바로 이 성령이시다. "볼지어다. 내가 세상 끝날까지 너희와 항상 함께 있으리라"(마 28:20)는 말씀에서처럼 예수 그리스도께서 다름 아닌 우리 안에 거하시는 그분의 영속적인 임재를 통하여 우리에게 그분 자신을 현현하시는 것도 바로 이 성령이시다.

오직 성령으로 충만함을 받으라

그러므로 어리석은 자가 되지 말고 오직 주의 뜻이 무엇인가 이해하라. 술 취하지 말라. 이는 방탕한 것이니 오직 성령으로 충만함을 받으라. 시와 찬송과 신령한 노래들로 서로 화답하며 너희의 마음으로 주께 노래하며 찬송하며 범사에 우리 주 예수 그리스도의 이름으로 항상 아버지 하나님께 감사하며 그리스도를 경외함으로 피차 복종하라. 에베소서 5:17-21.

만일 "오직 성령으로 충만함을 받으라"는 표현이 단지 오순절 이야기에만 적용된다면 우리는 그것을 무슨 특별한 것으로 여기면서 일상적인 삶을 의미하는 게 아니라고 생각할 수도 있다. 그러나 앞서 제시된 성경 말씀은 모든 그리스도인과 일상적인 삶이 그렇게 되기를 바란다는 뜻임을 우리에게 가르쳐준다.

이것을 좀 더 충분히 깨닫기 위하여 성령은 예수 그리스도 안에서 어떤 분이셨는지, 어떤 조건 아래서 인자 예수님이 성령으로 충만해지셨는지를 한번 생각해 보라. 예수 그리스도께서 기도하는 가운데 그분 자신을 하나님께 희생제물로 드렸을 때, 그리고 죄인의 세례를 받으셨을 때 성령을 받으셨다.

성령으로 충만해진 예수 그리스도는 40일 동안 금식하는 가운데 육신의 필요를 희생하면서 자유롭게 하나님 아버지와 교제할 뿐만 아니라 사탄에게 승리를 거둘 수 있는 데까지 이끌려 가셨다. 예수님은 굉장히 굶주렸을 때조차도 그분의 권능을 사용하여 빵을 만들어 굶주림을 해결하라는 악한 자의 유혹을 거부하셨다. 그리하여 성령께 이끌려 영원하신 영으로 하나님께 아무 흠 없이 자신을 내드리기까지 모든 생명을 아끼지 않으셨다. 그리스도 안에서 성령은 기도, 순종, 희생제물을 의미하였다.

그와 마찬가지로 그리스도를 따르고, 우리 안에 그분의 마음을 품고, 그분의 생명을 살아내려고 한다면 우리는 일용할 양식으로 성령 충만을 받으려고 노력해야 한다. 다른 어떤 방식으로도 우리는 순종, 기쁨, 자기희생의 삶을 살 수 없으며, 능력 있게 섬기는 삶을 살 수 없다.

성령 충만이 특별하게 나타나는 때도 있을 수 있지만 오직 날마다 종일토록 성령의 인도하심을 받는 때라야 우리는 예수 그리스도 안에 거할 수 있으며, 육신과 세상을 정복할 수 있다. 그리고 기도하는 가운데 하나님과 더불어 살아가며, 겸손하게 열매 맺는 거룩한 섬김 가운데 우리 동료와 더불어 살아갈 수 있게 된다.

다른 무엇보다 "볼지어다. 내가 세상 끝날까지 너희와 항상 함께 있으리라"(마 28:20)는 예수 그리스도의 말씀이 완벽하게 이해되고 경험될 수 있는 것은 오직 우리가 성령으로 충만해질 때이다. 누구도 이것이 너무 높은 차원의 이야기라거나 불가능하다고 생각하지 않도록 주의하라. "무릇 사람이 할 수 없는 것을 하나님은 하실 수 있느니라"(눅 18:27).

그런데 우리가 그것을 즉각적으로 얻을 수 없는 경우라면 적어도 끊임없는 기도, 어린아이 같은 단순한 믿음을 명확한 목표로 삼아 거룩한 결단을 해라. "볼지어다. 내가 세상 끝날까지 너희와 항상 함께 있으리라"(마 28:20)는 말씀은 복되신 성령의 확실하고도 아주 넉넉한 도우심으로 우리 일상생활에서도 그대로 이루어지기를 바란다는 뜻을 담고 있다. 그러므로 그리스도를 믿는 우리의 믿음은 성령 충만을 위한 척도가 될 것이다. 그리고 우리 안에 계신 성령의 권능에 대한 척도는 그리스도의 임재에 대한 우리 경험의 척도로 자리 잡게 될 것이다.

우리는 어찌하여 귀신을 쫓아내지 못하였나이까?

이때에 제자들이 조용히 예수께 나아와 이르되 우리는 어찌하여 쫓아내지 못하였나이까. 이르시되 너희 믿음이 작은 까닭이니라. 진실로 너희에게 이르노니 만일 너희에게 믿음이 겨자씨 한 알만큼만 있어도 이 산을 명하여 여기서 저기로 옮겨지라 하면 옮겨질 것이요 또 너희가 못할 것이 없으리라. 마태복음 17:19-20.

제자들도 종종 귀신을 쫓아내기는 했지만 여기서는 매우 무기력한 모습을 보였다. 그래서 제자들은 우리 주님께 그 이유가 무엇인지를 여쭈었다. 그런데 우리 주님의 대답은 의외로 매우 단순했다. "너희 믿음이 작은 까닭이니라."

여기서 우리는 아주 흔히 "왜 우리는 성경에서 약속하고 있는 것처럼 그리스도와 끊임없는 교제의 삶을 살 수 없을까?"라는 질문에 대한 해답을 찾을 수 있다. 그것은 단순히 우리 믿음이 작기 때문이다. 그것은 하나님께서 성경에 말씀하신 모든 약속을 그분의 전능하신 능력으로 성취하실 것이라고 믿지 못하는 동시에, 그렇게 기대해야 한다는 사실을 제대로 깨닫지 못하기 때문이다.

우리는 다른 무엇보다 오직 믿음의 본질이신 하나님만을 철저히 의지하는 삶을 제대로 살지 못한다. 우리는 "믿음이 없어 하나님의 약속을 의심하지 않고 믿음으로 견고하여져서 하나님께 영광을 돌리며 약속하신 그것을 또한 능히 이루실 줄을 확신"(롬 4:20-21)하지 못한다. 우리는 하나님께서 능하신 권능으로 우리 마음속에서 놀라운 일들을 행하실 것이라고 전심으로 믿는 믿음에 우리 자신을 전적으로 내주지 못한다.

그런데 이와 같은 믿음이 너무나 자주 부족한 이유가 도대체 무엇이란 말인가? "기도(와 금식) 외에 다른 것으로는 이런 종류가 나갈 수 없느니라"(막 9:29). 하나님을 믿는 강한 믿음에는 끈기 있는 기도를 통하여 하나님과 친밀하게 접촉하는 삶이 필요하다. 우리는 자기 마음대로 그와 같은 삶을 살 수 없다. 거기에는 하나님과의 친밀한 삶이 요구된다. 거기에는 아주 넓고 깊은 의미에서 기도뿐만 아니라 금식도 요구된다. 거기에는 자기 부인, "육신의 정욕과 안목의 정욕과 이생의 자랑"(요일 2:16)을 기뻐하지 않는 삶이 반드시 필요하다. 그 모든 것은 "아버지께로부터 온 것이 아니요 세상으로부터 온 것"(요일 2:16)이기 때문이다.

여기 이 땅에서 천상의 삶에 대한 상급을 얻기 위해서는 누구든지 이 땅에서 제공할 수 있는 모든 것을 희생해야 한다. 누구든지 자신의 마음을 만족시키고 그 안에서 하나님의 강한 기적이 일어나도록 하려면, 모든 악한 영을 쫓아낼 수 있는 믿음의 능력을 소유하기 위해서는 반드시 전 존재를 하나님께 철저히 내드리는 삶이 필요하다. 곧 기도와 금식의 삶이 필요하다.

임재를 누리기 위한 순종의 능력

나를 보내신 이가 나와 함께 하시도다. 나는 항상 그가 기뻐하시는 일을 행하므로 나를 혼자 두지 아니하셨느니라.
요한복음 8:29.

요한복음 8장 29절 말씀을 통하여 예수 그리스도는 하나님 아버지와 함께하는 삶이 어떤 것인지를 말씀하신다. 그뿐만 아니라 그와 동시에 하나님과 나누는 모든 교제의 법칙이 '단순한 순종'이라고 확실하게 말씀하신다.

우리는 고별강론을 통하여 그리스도께서 얼마나 강력하게 그와 같은 순종을 강조하셨는지 주목해야 한다. 예수님은 요한복음 14장 15~16절에서 "너희가 나를 사랑하면 나의 계명을 지키리라. 내가 아버지께 구하겠으니 그가 또 다른 보혜사를 너희에게 주사 영원토록 너희와 함께 있게 하리니"라고 말씀하셨다.

그리고 이와 같은 단순한 순종을 두 번 더 강조하셨다. "나의 계명을 지키는 자라야 나를 사랑하는 자니 나를 사랑하는 자는 내 아버지께 사랑을 받을 것이요 나도 그를 사랑하여 그에게 나를 나타내리라"(요 14:21). "사람이 나를 사랑하면 내 말을 지키리니 내 아버지께서 그를 사랑하실 것이요 우리가 그에게 가서 거처를 그와 함께 하리라"(요 14:23).

또한 15장에서 세 번이나 순종에 관하여 언급하셨다. "너희가 내 안에 거하고 내 말이 너희 안에 거하면 무엇이든지 원하는 대로 구하라. 그리하면 이루리라"(7절). "내가 아버지의 계명을 지켜 그의 사랑 안에 거하는 것같이 너희도 내 계명을 지키면 내 사랑 안에 거하리라"(10절). "너희는 내가 명하는 대로 행하면 곧 나의 친구라"(14절).

순종은 우리에게 주신 성령으로 말미암아 우리 마음에 부은 바 된 하나님의 사랑을 보여주는 증거이자 훈련이다(롬 5:5 참조). 순종은 사랑에서 나오고 사랑으로 인도하며, 하나님의 사랑과 내주하심을 더욱 깊고 충만하게 경험하도록 이끈다. 순종은 우리가 구한 것이 우리에게 허락될 것이라는 확신을 불어넣어 준다. 순종은 우리가 그리스도의 사랑 안에 거하고 있다는 확신을 심어준다. 순종은 우리 주장을 뒤로하고 그리스도의 친구로 불리게 한다. 그러므로 순종은 사랑의 증거일 뿐만 아니라 믿음의 증거이기도 하다. "무엇이든지 구하는 바를 그에게서 받나니 이는 우리가 그의 계명을 지키고 그 앞에서 기뻐하시는 것을 행함이라"(요일 3:22).

거룩한 임재를 영속적으로 누리기 위해서는 단순하고 충만한 순종이 반드시 필요하다. 새 언약은 이에 관한 충만한 예비하심을 가능하게 만들었다.

"그러나 그날 후에 내가 이스라엘 집과 맺을 언약은 이러하니 곧 내가 나의 법을 그들의 속에 두며 그들의 마음에 기록하여 나는 그들의 하나님이 되고 그들은 내 백성이 될 것이라. 여호와의 말씀이니라"(렘 31:33).

"그들은 내 백성이 되겠고 나는 그들의 하나님이 될 것이며 내가 그들에게 한 마음과 한 길을 주어 자기들과 자기 후손의 복을 위하여 항상 나를 경외하게 하고 내가 그들에게 복을 주기 위하여 그들을 떠나지 아니하리라 하는 영원한 언약을 그들에게 세우고 나를 경외함을 그들의 마음에 두어 나를 떠나지 않게 하고 내가 기쁨으로 그들에게 복을 주되 분명히 나의 마음과 정성을 다하여 그들을 이 땅에 심으리라. 여호와께서 이와 같이 말씀하시니라"(렘 32:38-42).

"또 새 영을 너희 속에 두고 새 마음을 너희에게 주되 너희 육신에서 굳은 마음을 제거하고 부드러운 마음을 줄 것이며 또 내 영을 너희 속에 두어 너희로 내 율례를 행하게 하리니 너희가 내 규례를 지켜 행할지라"(겔 36:26-27).

순종은 우리가 그분의 사랑 안에 거할 수 있게 하며, 그분의 끊임없는 임재에 관한 충만한 경험을 제공한다. 그리스도는 불가능한 것을 말씀하시지 않으며 우리가 성령의 권능 안에서 담대하게 기대할 수 있는 것을 제대로 바라보게 하신다. 그리스도께서 "볼지어다. 내가 세상 끝날까지 너희와 항상 함께 있으리라"고 말씀하신 대상은 순종하는 제자들이며, 그리스도는 그 제자들에게 이 말씀의 온갖 충만한 의미를 훤히 드러내 보이실 것이다.

세상 끝을 향한 중보기도의 능력

우리는 오로지 기도하는 일과 말씀 사역에 힘쓰리라. 사도행전 6:4. 이에 베드로는 옥에 갇혔고 교회는 그를 위하여 간절히 하나님께 기도하더라. 사도행전 12:5.

미국 감리교 지도자인 존 모트 박사는 우리에게 연합 중보기도의 무한한 능력을 믿으라고 촉구하였다. 아시아 지역을 여행하면서 모트 박사는 선교단체들이 강력하게 활동하기 위해서는 더 많은 중보기도의 절대적인 필요성을 절감하게 되었다. 다른 무엇보다 합심으로 기도하는 중보기도의 필요성 말이다. 모트 박사는 이렇게 말했다.

"하나님의 성령께서 전능한 방식으로 역사하시는 것을 요구하는 이토록 거대한 상황들에 대하여 우리가 수많은 진실한 중보 기도자를 늘려서 기독교계를 위한 기도에 초점을 맞추게 하는 것보다 더 나은 방법으로 교회의 가장 큰 관심사를 섬길 수는 없다. 우리가 선교와 관련해서 할 수 있는 다른 어떤 섬김보다 훨씬 더 중요하고 필수적인 것은 초인적인 기도의 에너지를 쏟아내도록 도와주는 섬김이다. 그리고 이와 같은 거룩한 사역에서 모든 나라의 진실한 중보 기도자를 연합시켜서 살아계신 그리스도의 역사하심을 특징적으로 보여주는 표적으로 가득한 새로운 시대가 도래하도록 돕는 것이다. 다른 어떤 일보다 더 말할 수 없을 정도로 중요한 일은 우리가 행하는 모든 일을 신성한 생명과 에너지의 근원과 연결시키는 것이다. 기독교 세계는 선교 지도자들이 사역에 관한 여러 가지 사실과 방법론을 밝힐 뿐만 아니라 초인간적인 자원을 엄청나게 발견하고 영적인 능력을 더욱 크게 발산하기를 기대할 만한 권리가 충분히 있다."

선교사들은 자기 삶과 사역에서 성령의 임재와 권능이 절실히 필요하다고 고백한다. 선교사들은 날마다 우리 안에 거하시는 그리스도의 영속적인 임재와 권능을 체험하기를 갈망한다. 선교사들에게는 그것이 절대적으로 필요하다. 선교사들에게는 그에 대한 권리가 있다.

사랑하는 독자여, 당신도 효과적인 사역을 위해 너무나 절대적으로 필요한 그와 같은 능력을 채워달라고 하나님께 간청하는 거대한 군대의 일원이 되지 않겠는가? 초대교회의 사도들처럼 하나님께서 풍성한 응답을 보내실 때까지 당신 역시 "기도를 계속하고 기도에 감사함으로 깨어 있으라"(골 4:2)는 말씀을 그대로 따르지 않겠는가? 우리가 "기도를 계속하고 기도에 감사함으로 깨어 있으라"는 말씀대로 따를 때 "볼지어다. 내가 세상 끝날까지 너희와 항상 함께 있으리라"(마 28:20)는 약속의 능력이 우리 삶 가운데서 충분히 증명될 것이다.

온전히 내드리는 시간의 능력

여호와여 그러하여도 나는 주께 의지하고 말하기를 주는 내 하나님이시라 하였나이다. 나의 앞날이 주의 손에 있사오니 내 원수들과 나를 핍박하는 자들의 손에서 나를 건져주소서. 주의 얼굴을 주의 종에게 비추시고 주의 사랑하심으로 나를 구원하소서. 시편 31:14-16.

이 성경 구절에 등장하는 복수형태는 단수적인 의미를 내포하고 있다. "오, 하나님이여! 내 모든 시간은 하나님의 손에 달려 있나이다. 그 시간은 하나님께 속해 있으니 오직 하나님만이 그 시간을 명할 권리가 있습니다. 전적으로 기꺼이 하나님의 처분대로 그 시간을 내드립니다." 하나님께 전적으로 내드린다면 그 시간이 얼마나 놀라운 힘을 발휘할 수 있겠는가!

그렇다면 시간이야말로 만물의 증인이 될 수 있지 않을까? 어떻게 인간을 서서히, 그러나 확실하게 현재 모습으로 만들어 왔는지에 관해 시간이 증명해 주지 않는다면 온 세상의 역사가 도대체 어떻게 되겠는가? 우리는 주변에 있는 만물을 통하여 그에 관한 증거를 목격하게 된다. 모든 추구를 통하여 성공을 거두는 과정에서, 온갖 노력과 성취를 이루는 과정에서 우리는 시간의 법칙을, 물론 상상하기조차 어려운 시간의 엄청난 힘 아래서 인생을 보내게 된다.

특히 우리가 하나님을 믿고 교제를 나누는 데서 이것은 더욱 그렇다. 우리가 하나님과 나누는 교제, 하나님의 형상을 닮는 것, 그분을 섬기는 데서 발휘하는 능력 등 이 모든 것은 단 한 가지 조건에 의존하게 된다. 곧 그분의 거룩함이 찬란한 광채를 우리에게 비추기 위해서는, 우리를 그분의 성령과 그분의 생명에 함께하는 자로 삼으시기 위해서는 우리가 하나님과 더불어 충분한 시간을 보내야 한다는 것이다.

바로 신앙의 본질은 우리가 얼마나 많은 시간을 그분과 함께 보내느냐에 달려 있다. 그러나 하나님의 아주 많은 종이 그분을 섬기는 데 모든 인생을 드리면서도 솔직히 고백하는 것은 자신의 영성생활이 너무나 무기력하다는 것이다. 무엇이 이와 같은 슬픈 고백을 할 수밖에 없도록 만드는가? 그것은 바로 날마다 하나님과 친교하기 위한 시간을 충분히 내지 못할 뿐만 아니라 그 시간을 제대로 사용하지 못하기 때문이다. 그것은 홀로 하나님과 보내는 시간이야말로 사실상 그분의 능력을 오롯이 나의 것으로 만드는 데 필요한 시간이라는 확신을 제대로 하지 못하기 때문이다.

사랑하는 동료 그리스도인이여! 당신은 지금 지나치게 많은 일을 하고 있다고 불평하거나, 또는 당신의 열심이 오히려 영적인 효과를 가로막고 있다고 투덜댈지도 모른다. 만약 당신이 자기 시간을 그리스도와 그분의 성령께서 감찰하시도록 내드리기만 한다면 "나의 앞날이 주의 손에 있사오니"라는 말씀을 전적으로 신뢰할 수 있게 될 것이다. 그리고 그럴 때만이 앞으로 하나님께서 나의 인생에 어떤 새로운 모습을 펼치실지 기대하게 될 것이다.

임재를 경험하게 하는 믿음의 능력

예수께서 이르시되 할 수 있거든이 무슨 말이냐. 믿는 자에게는 능히 하지 못할 일이 없느니라 하시니. 마가복음 9:23.

예수님의 제자들에게, 예수님의 도우심을 구하는 사람들에게 예수님이 믿음의 절대적인 필요성과 믿음의 무한한 가능성보다 더 자주 강조하셨던 진리는 없다. 그리고 하나님께서 약속하신 모든 것을 우리 안에서 문자 그대로 성취하시기 위해서 하나님을 단순하고 절대적으로 신뢰하는 것만큼 우리에게 부족한 자질은 아무것도 없다. 그러므로 예수님의 영속적인 임재 안에 거하는 삶은 분명히 끊임없는 믿음의 삶임이 틀림없다.

참된 믿음을 나타내는 여러 표지에 대하여 잠깐 한번 생각해 보

라. 다른 무엇보다 믿음은 약속하신 모든 것을 행하시는 하나님을 의뢰한다. 참된 믿음을 지닌 사람은 그러한 약속 가운데 일부를 취하는 것에 만족하지 않는다. 그 사람은 최대로 충만한 의미에서 하나님께서 약속하신 모든 약속을 요구하는 데까지 나아가게 된다. 자기 자신에 대한 믿음은 전혀 없을 뿐만 아니라 아무 소용이 없다는 인식 아래 그 사람은 하나님이 거하시는 심령 안에서 온갖 이적을 일으키시는 전능하신 하나님의 권능을 신뢰한다.

믿음의 사람은 전심전력을 다하여 이렇게 한다. 그 사람의 믿음은 철저히 하나님의 손에 달린 약속에 자신을 내놓게 하며 온종일, 밤새도록 자기 자신에게 소망과 기대감을 불러일으킬 것이다. 믿음으로 그 사람은 하나님의 약속과 계명을 하나로 묶어주는 불가분의 연결고리를 인식하여 약속을 철저히 신뢰하는 만큼 계명을 실행하기 위하여 자신을 내놓게 된다.

그러한 믿음의 삶이 허락하는 능력을 추구하는 과정에서 흔히 우리가 추구하려고 애쓰기는 하지만 쉽게 손에 잡히지 않는 그런 믿음이 있다. 여기에는 하나님을 기다리는 것이 필요하다는 사실을 깨닫기 시작하는 믿음이 뒤따른다. 그리하여 하나님께서 행하실 일에 대한 소망 가운데 조용히 안식하는 믿음이 찾아온다. 이것은 반드시 결단의 행위로 이어져야 하며, 그 과정에서 각 영혼은 말씀 가운데서 하나님을 붙잡고 약속의 성취를 요구하게 된다. 그다음에는 심지어 칠흑같이 깜깜한 어둠 속에서도 그분이 말씀하신 것을 그대로 행하시는 하나님을 바라보게 된다.

우리 안에 거하시는 영속적인 임재가 허락하는 믿음의 삶이 전 존재를 완전히 다스리고 있어야 한다. 온종일 축복 가운데 우리를 구체적으로 지켜주시는 그리스도의 임재는 너무나 놀라운 특권이다. 그러므로 그분이 실제로 만유의 주님이시고 우리와 동행하는 복되신 친구이며, 우리 인생의 기쁨이자 빛이라면 이전에 율법적이라고 생각했던 많은 것과 우리는 완벽한 이별을 해야 한다. 그와 같은 믿음으로 우리는 "볼지어다. 내가 세상 끝날까지 너희와 항상 함께 있으리라"(마 28:20)는 주님의 말씀을 얼마든지 요구하고 경험할 수 있을 것이다.

오직 사랑 넘치는 심령으로만

예수께서 자기가 세상을 떠나 아버지께로 돌아가실 때가 이른 줄 아시고 세상에 있는 자기 사람들을 사랑하시되 끝까지 사랑하시니라. 요한복음 13:1.

예수 그리스도께서 겟세마네 동산으로 올라가기 전, 마지막 시간 동안 영원에 관한 심오한 진리를 제자들에게 강론하셨을 때, 제자들을 향한 예수님의 거룩하고 내밀한 이야기를 시작하는 말씀이 여기에 있다(요 13-17장 참조).

우리 주 예수님은 새 계명으로 시작하셨다. "새 계명을 너희에게 주노니 서로 사랑하라. 내가 너희를 사랑한 것같이 너희도 서로 사랑하라. 너희가 서로 사랑하면 이로써 모든 사람이 너희가 내 제자인 줄 알리라"(요 13:34-35). 한참 후에는 제자들에게 이렇게 말씀하셨다. "너희가 나를 사랑하면 나의 계명을 지키리라. …나의 계명을 지키는 자라야 나를 사랑하는 자니 나를 사랑하는 자는 내 아버지께 사랑을 받을 것이요 나도 그를 사랑하여 그에게 나를 나타내리라. …사람이 나를 사랑하면 내 말을 지키리니 내 아버지께서 그를 사랑하실 것이요. 우리가 그에게 가서 거처를 그와 함께하리라"(요 14:15,21,23).

새로운 삶, 곧 예수 그리스도 안에 있는 천상의 삶은 그리스도 안에서 하나님의 사랑을 펼치는 것이다. 그 후로, 더 나아가 우리는 다음과 같은 말씀을 읽게 된다. "아버지께서 나를 사랑하신 것같이 나도 너희를 사랑하였으니 나의 사랑 안에 거하라. 내가 아버지의 계명을 지켜 그의 사랑 안에 거하는 것같이 너희도 내 계명을 지키면 내 사랑 안에 거하리라. …내 계명은 곧 내가 너희를 사랑한 것같이 너희도 서로 사랑하라 하는 이것이니라. 사람이 친구를 위하여 자기 목숨을 버리면 이보다 더 큰 사랑이 없나니 너희는 내가 명하는 대로 행하면 곧 나의 친구라"(요 15:9-10,12-14).

"곧 내가 그들 안에 있고 아버지께서 내 안에 계시어 그들로 온전함을 이루어 하나가 되게 하려 함은 아버지께서 나를 보내신 것과 또 나를 사랑하심같이 그들도 사랑하신 것을 세상으로 알게 하려 함이로소이다. …내가 아버지의 이름을 그들에게 알게 하였고 또 알게 하리니 이는 나를 사랑하신 사랑이 그들 안에 있고 나도 그들 안에 있게 하려 함이니이다"(요 17:23,26).

예수님을 향한 하나님의 사랑이 우리 안으로 넘어와 우리 삶으로 자리 잡게 되어, 아버지께서 아들을 사랑하신 그 사랑이 우리 안에도 존재할 수 있다는 사실을 이러한 말씀은 더욱더 명확하게 드러내고 있다. 만약 우리 주님께서 우리에게 그분 자신을 현현하셔야 한다면 그것은 오직 사랑 넘치는 심령에 그렇게 하실 수 있다. 만약 우리가 날마다 그분의 임재를 요구하려 한다면 그것은 하나님과 우리 사이에 무한한 부드러운 사랑의 관계가 형성될 때라야 가능하다. 우리 심령 속으로 들어와서 그분의 계명에 대한 순종으로 그 자체를 드러내는 그리스도를 향한 하나님의 사랑에 대한 믿음에 뿌리를 둔 사랑, 그리고 서로를 향한 사랑에 기초한 관계 말이다.

초대교회는 어느 때부터인가 "처음 사랑"(계 2:4)을 잃어버리게 되었다. 그리하여 하나님이 아닌 온갖 다른 것을 섬기는 활동에 확신을 두게 되었다. 그러나 사랑 많으신 그리스도의 영속적인 임재가 널리 알려질 수 있으며, "볼지어다. 내가 세상 끝날까지 너희와 항상 함께 있으리라"(마 28:20)는 예수님의 약속 안에 표현된 심오하고 신성한 사랑이 실현되는 것은 오직 거룩하고 살아 있는 사랑의 분위기 안에서라야 가능하다.

믿음의 시험과 승리

예수께서 이르시되 할 수 있거든이 무슨 말이냐. 믿는 자에게는 능히 하지 못할 일이 없느니라 하시니 곧 그 아이의 아버지가 소리를 질러 이르되 내가 믿나이다. 나의 믿음 없는 것을 도와주소서 하더라. 마가복음 9:23-24.

"믿는 자에게는 능히 하지 못할 일이 없느니라"는 말씀은 얼마나 영광스러운 약속이란 말인가! 그러나 우리 믿음을 시험하게 하는 것 역시 바로 이 엄청난 약속 때문이다. 처음에 우리는 이 진리를 진정으로 믿지 못한다. 그러나 우리가 그것을 제대로 이해하게 될 때, 그 다음으로 '그토록 놀라운 일을 할 수 있는 믿음은 전적으로 내 능력 범위를 벗어나는 거야'라는 생각 때문에 커다란 시험에 맞닥뜨리게 된다.

그러나 믿음의 시험을 가져오는 것은 머지않아 곧바로 승리를 가져오게 된다. 어떻게 이와 같은 일이 일어날 수 있을까? 그 아이의 아버지는 예수님이 자신에게 "믿는 자에게는 능히 하지 못할 일이 없느니라"고 말씀하시는 소리를 들었을 때, 처음에는 이것이 자신을 더 깊은 절망 속으로 내던질 뿐이라고 느꼈었다. "과연 어떻게 나의 믿음이 그런 기적을 일으킬 수 있단 말인가?" 그러나 예수님의 얼굴을 바라보자, 그리고 예수님의 부드러운 눈빛에 담긴 사랑이 자기 마음을 어루만지자 그 아버지는 이 복되신 인자께서 자기 아이를 고칠 수 있는 능력을 갖췄을 뿐만 아니라 꼭 필요한 믿음을 갖도록 자신에게 영감을 불어넣으실 수 있는 능력도 갖추고 계신다는 확신을 하게 되었다.

그렇다. 우리 주님께서 이 아버지에게 심어주신 인상은 치유라는 한 가지 기적을 가능하게 했다. 그뿐만이 아니라 그 아버지가 매우 커다란 믿음을 갖도록 하는 두 번째 기적을 가능하게 만들었다. 그래서 그 아버지는 눈물을 흘리면서 이렇게 소리쳤다. "주여, 내가 믿나이다. 나의 믿음 없는 것을 도와주소서." 이처럼 커다란 믿음의 시험은 커다란 믿음의 승리로 이끈다.

이 얼마나 놀라운 교훈이란 말인가! 믿음으로 이루어지는 모든 일 가운데 우리가 생각하기에 가장 불가능한 것은 우리가 직접 그러한 믿음을 발휘할 수 있어야 한다고 믿는 것이다. 그러나 우리 안에 거하시는 예수님의 영속적인 임재는 믿음으로 가능한 일이며, 이 믿음은 오직 예수님께 매달리면서 예수님을 신뢰하는 영혼에만 가능한 일이다. 예수님이 우리를 그분의 영속적인 임재 가운데로 온종일 내내 인도하시는 만큼 이 약속을 요구하고 받아들이는 믿음에 대하여 그분은 더욱 확실하게 신성한 능력으로 우리를 강하게 하실 것이다. 우리가 축복뿐만 아니라 믿음에 대하여 예수님을 얼마나 전적으로 의뢰하는지를 올바로 깨닫는 시간은 복되다.

그러한 시험과 승리를 통해, 때때로 절망에 대한 승리를 통해 우리는 우리 자신의 기업으로 들어가게 된다. 그런데 그 기업이란 지금 우리에게 "볼지어다. 내가 세상 끝날까지 너희와 항상 함께 있으리라"(마 28:20)고 말씀하시는 그분의 영속적인 임재이다. 우리 주님께서 "내게 능력 주시는 자 안에서 내가 모든 것을 할 수 있느니라"(빌 4:13)고 우리에게 복 주셨다는 것을 깨달아 알 수 있을 때까지 그분의 발 앞에 엎드려서 기다리자.

더욱 넘치도록 지극히 풍성하게

우리 가운데서 역사하시는 능력대로 우리가 구하거나 생각하는 모든 것에 더 넘치도록 능히 하실 이에게 교회 안에서와 그리스도 예수 안에서 영광이 대대로 영원무궁하기를 원하노라. 아멘.
에베소서 3:20-21.

에베소서 3장 바로 앞에 소개한 기도에서 바울은 분명히 하나님의 강하신 능력이, 성도들에게 가져올 수 있는 삶에 대해 가능한 한 최고의 표현에 도달해 있었다. 그러나 바울은 거기에 만족하지 않았다. 이 영광 속에서 바울은 우리를 훨씬 더 높이 치켜세워 "우리 가운데서 역사하시는 능력대로 우리가 구하거나 생각하는 모든 것에 더 넘치도록 능히 하실" 하나님께 영광을 돌리기까지 높였다.

여기서 잠깐 멈춰 서서 '더 넘치도록'이라는 말의 의미를 한번 곰곰이 생각해 보라. 그리고 "보배롭고 지극히 큰 약속"(벧후 1:4)이라는 말씀에 대해서도 한번 생각해 보라.

"그의 힘의 위력으로 역사하심을 따라 믿는 우리에게 베푸신 능력의 지극히 크심이 어떠한 것을 너희로 알게 하시기를 구하노라. 그의 능력이 그리스도 안에서 역사하사 죽은 자들 가운데서 다시 살리시고"(엡 1:19-20)라는 말씀에 대해서도 한번 생각해 보라.

"우리 주의 은혜가 그리스도 예수 안에 있는 믿음과 사랑과 함께 넘치도록 풍성하였도다"(딤전 1:14), "죄가 더한 곳에 은혜가 더욱 넘쳤나니"(롬 5:20)라는 말씀에 대해서도 한번 생각해 보라.

예수님은 다름 아닌 죽음에서 자신을 살리신 능력, 곧 "우리 가운데서 역사하시는 능력대로 우리가 구하거나 생각하는 모든 것에 더 넘치도록 능히 하실" 하나님께 영광을 돌리기까지 우리 마음을 높여주셨다. 그런데 이것이 바로 하나님께서 우리 모든 상상력을 뛰어넘어 우리 안에서 역사하실 일에 대한 표시라고 우리 마음에서 느끼기 시작할 때, 예수님은 우리 마음을 높여 다음과 같은 우주적인 합창에 동참하게 하신다. "교회 안에서와 그리스도 예수 안에서 영광이 대대로 영원무궁하기를 원하노라. 아멘"(엡 3:21).

우리가 경배하고 숭배할 때 그와 같은 송영은 예수님의 강하신 능력을 따라 우리 마음 가운데서 역사하시는 이 전능하신 하나님을 믿도록 이끈다. "보배롭고 지극히 큰 약속"(벧후 1:4) 가운데 하나도 빠짐없이 다 성취하실 수 있으며 기꺼이 성취하시는 분을 말이다. 그리고 "죄가 더한 곳에 은혜가 더욱"(롬 5:20) 넘친다는 사실을 친히 증명해 보이시는 분을 말이다.

사도 바울은 "이러므로 내가 하늘과 땅에 있는 각 족속에게 이름을 주신 아버지 앞에 무릎을 꿇고 비노니"(엡 3:14-15)라고 자신의 훌륭한 기도를 시작하였다. 바울은 우리 무릎을 꿇게 하여 모든 약속을 성취하실 수 있는 분에게 영광을 돌리도록, 우리 마음속에 거하시는 예수 그리스도를 드러내도록 "하나님의 모든 충만하신 것으로 너희에게 충만하게"(엡 3:19) 인도하는 사랑의 삶 가운데로 나아가 우리를 지켜주시도록 간구함으로써 기도를 마쳤다.

하나님의 자녀여, 깊이 경배하는 마음으로 무릎을 꿇고서 하나님께 영광을 돌리라. 이 기도가 성취되어 예수님이 믿음으로 당신 마음속에 거하실 때까지 말이다. 이 전능하신 하나님을 믿는 믿음, 그리고 지극히 풍성한 하나님의 은혜와 능력은 예수님의 내주하심이야말로 우리 안에 거하시는 영속적인 임재를 경험하는 비결이라고 당신에게 분명히 가르쳐줄 것이다.

살아 있는 증인으로 사는 삶

우리가 너희 믿는 자들을 향하여 어떻게 거룩하고 옳고 흠 없이 행하였는지에 대하여 너희가 증인이요 하나님도 그러하시도다. 데살로니가전서 2:10.

바울은 자기 삶 속에서 회심자가 주목해야 할 것에 대하여 여러 차례 호소했다. "우리가 세상에서 특별히 너희에 대하여 하나님의 거룩함과 진실함으로 행하되 육체의 지혜로 하지 아니하고 하나님의 은혜로 행함은 우리 양심이 증언하는 바니 이것이 우리의 자랑이라"(고후 1:12).

예수님은 말씀으로 가르치는 것만큼 삶으로 제자들을 많이 가르치셨다. 바울 역시 자신이 예수님에 관해 전파한 모든 진리를 증거하는 살아 있는 증인이 되려고 노력했다. 또한 예수님이 우리를 구원하실 뿐만 아니라 죄를 짓지 않도록 지켜주실 수 있다는 사실에 대하여, 예수님이 성령의 능력으로 말미암아 모든 본성을 새롭게 하신다는 사실에 대하여, 예수님이 그분을 믿는 사람들의 생명이 되신다는 사실에 대하여 살아 있는 증인이 되려고 노력했다.

바울은 자기 삶을 거룩하고 의롭고 흠 없이 행하여서 이로 말미암아 회심자들에게도 높은 기준을 제시할 수 있는 용기를 얻게 되었다고 말했다. 같은 서신에서 바울은 하나님을 신뢰하여 "너희 마음을 굳건하게 하시고 우리 주 예수께서 그의 모든 성도와 함께 강림하실 때에 하나님 우리 아버지 앞에서 거룩함에 흠이 없게 하시기를"(살전 3:13) 그 사람들에게 요구했다.

그리고 이렇게 말했다. "평강의 하나님이 친히 너희를 온전히 거룩하게 하시고 또 너희의 온 영과 혼과 몸이 우리 주 예수 그리스도께서 강림하실 때에 흠 없게 보전되기를 원하노라. 너희를 부르시는 이는 미쁘시니 그가 또한 이루시리라"(살전 5:23-24). 빌립보서 4장 9절에서는 이렇게 말했다. "너희는 내게 배우고 받고 듣고 본 바를 행하라. 그리하면 평강의 하나님이 너희와 함께 계시리라."

그리고 디모데전서 1장 14~16절에서는 이렇게 말했다. "우리 주의 은혜가 그리스도 예수 안에 있는 믿음과 사랑과 함께 넘치도록 풍성하였도다. 미쁘다. 모든 사람이 받을 만한 이 말이여. 그리스도 예수께서 죄인을 구원하시려고 세상에 임하셨다 하였도다. 죄인 중에 내가 괴수니라. 그러나 내가 긍휼을 입은 까닭은 예수 그리스도께서 내게 먼저 일체 오래 참으심을 보이사 후에 주를 믿어 영생 얻는 자들에게 본이 되게 하려 하심이라."

바울이 갈라디아서 2장 20절에서 "내가 그리스도와 함께 십자가에 못 박혔나니 그런즉 이제는 내가 사는 것이 아니요 오직 내 안에 그리스도께서 사시는 것이라. 이제 내가 육체 가운데 사는 것은 나를 사랑하사 나를 위하여 자기 자신을 버리신 하나님의 아들을 믿는 믿음 안에서 사는 것이라"고 말했을 때, 이것은 자기 안에서 실제적이고 신성하며 끊임없는 그리스도의 내주하심, 시시때때로 자기 안에서 하나님 아버지를 기쁘시게 하는 모든 일을 이루는 그리스도의 역사하심에 관하여 신앙고백을 한 거나 다름 아니었다.

그러므로 "바울의 그리스도가 곧 나의 그리스도십니다! 하늘에서부터 바울의 영혼을 가득 채운 모든 것은 역시 내 것이기도 합니다"라고 우리가 말할 수 있을 때까지 그냥 가만히 앉아서 쉬지 않도록 주의하라. 우리는 이렇게 고백할 수 있을 때까지 끊임없이 주님의 임재를 사모하며, 하나님과 더욱더 두터운 교제를 나눠야 한다. 바울처럼 자신이 그리스도에 관해 전파한 모든 진리를 증거하는 살아 있는 증인이 되어야 한다. ■